ネオ・スピリチュアリズム６か条

一、人は肉体の衣を着けた神です。

二、人は死後も生き続け、永遠に進歩向上します。

三、人が生まれたのは、
宇宙進化の神の助手となるためです。

四、人の現在は、自分が過去にまいた種の
寸分狂いのない結果です。

五、エゴの種を捨てて愛の種をまくだけで、
自分と世界の未来が変えられます。

六、人は神になるまで輪廻転生を続けます。

桑原啓善　記

近代心霊研究の帰結である人間の生命原理

近代心霊研究→スピリチュアリズム
→日本神霊主義（浅野和三郎・脇 長生）
→ネオ・スピリチュアリズム（桑原啓善）

でくのぼうの生き方

実践綱目

でくのぼうの生き方とは

「神の子」に帰る生活実践指針

● 人は神から出て神に帰る（神の子になる）もの
　1 自己中心の動物性の反省（脱皮）が必要
　2 神の子になる生活実践（言・行・想）をする
（でくのぼうになれば、誰にも実践できる、万人が神の子に帰る確かな道）

反省

イ、人の悪口を言わない、聞かない、思わない。（人は神の子だから）

ロ、何事も人のせいにしない。（自立心が神の子の本質）

ハ、自分をだめな人間だと言わない、思わない。（自己は本来神の子）

右のイ、ロ、ハをした時は「ゴメンなさい」と声に出して言い、やめる。（コトバは大きなエネルギー）

生活実践

1、日常生活（言、行、想）は愛と奉仕で生きる。
（いつも世のため人のため地球のために、（目の前の物、人、仕事を通じて）
私は何をしたらよろしいか、この祈りを胸に前向きに明るく生きること）
（神の子・人間の生き方）

2、万物の礼拝（万物との会話＝声かけ）を生活習慣とする。
（ワンネスの宇宙真理）

3、食の大切さ。——日本人の主食は玄米が好ましい。

桑原啓善　記 ©

ネオ
スピリチュアリズム

21世紀霊性時代の生き方

熊谷えり子

はじめに

ネオ・スピリチュアリズムは、桑原啓善師が創始、唱導する人生指導原理です。いわば二一世紀の新しい霊性時代の生き方を示すものです。といってもネオ・スピリチュアリズムは、いわゆる宗教ではありません。近代心霊研究の霊魂説に立脚した、知識と理論によって体系化され、構築された一つの学問体系です。非常に合理的でわかり易いので、私たち一般庶民誰でもが理解出来ます。

ネオ・スピリチュアリズムは、「人は神の子、愛が平和と幸福の宇宙法則」を根源の真理として、人が日常生活を本当の愛と奉仕で生きれば、人は神とつながり地球を愛の星に変えることが出来ると説いています。また人が愛と奉仕の生活実践を狂いなくするためには、見えない体「媒体」を認めその上に構築された媒体論があります。そして人は媒体浄化進化（霊性進化）してゆき、その為には輪廻転生をくり返して、神に帰ると説きます。

一八四八年、近代心霊研究発生から二一世紀の変わり目に成立したネオ・スピリチュアリズムまでの一六〇年間の歩みを俯瞰すると、ネオ・スピリチュアリズムとは、西欧の科学的合理的なスピリチュアリズムが日本に渡り、日本的心性である生命一元の土壌で花開いた、いわば東西文明統合の花のように思われます。それは唯物主義文明を愛の霊性文明に転換するために拓かれた奇跡的なほそい一すじの道であり、シルバー・バーチがいうところの「神界計画」ではないでしょうか。ですからネオ・スピリチュアリズムは庶民が誰でも実践できるように、極めて平易合理的に述べられてはいますが、その本質は新しい人類文明の核となるものと考えられるのです。

本書の構成は、

・霊を認めない現代文明の行き詰まり（序章）
・ネオ・スピリチュアリズムの立脚点である近代心霊研究について（第一章）

・西欧スピリチュアリズムについて（第二章）
・日本に入り進展したスピリチュアリズム
　浅野和三郎の日本神霊主義について（第三章）
・日本神霊主義を更に前進させた脇長生の日本神霊主義について（第四章）
・ネオ・スピリチュアリズムの成立とその概要について（第五章）
・ネオ・スピリチュアリズムと日本の精神について（第六章）

となっています。本書を通読していただければネオ・スピリチュアリズムの概略が分かると思います。また理解を助けるために、桑原啓善師が作成した図表を多数掲示しました。ぜひ本書をお読みになり、本当の愛と奉仕に生きる人となって、霊性時代を拓くさきがけとなっていただきたいと思います。

目次

ネオ・スピリチュアリズム　21世紀霊性時代の生き方

はじめに……3

序　章　現代文明の基礎、唯物科学に問題がある……5

霊を認めない現代文明の行き詰まり……6

霊魂説が文明転換のキーポイント……8

第一章　近代心霊研究　「霊」というタブーをこえて……21

フォックス家事件　神人協同の大事業の始まり……22

唯物思想というとらわれ――物神支配……22

神とサタンの熾烈な闘いと三つの時代……24

真正な心霊現象の条件……27
霊媒と心霊研究を縛る宗教の弊害……27
ミイラとりがミイラになる学者たち……29
心霊実験の条件……31

第二章　スピリチュアリズム
——霊交があきらかにした死後の世界……37
死後の世界がなければ正義なし……38
玉石混交の霊界通信……42
西欧的自我の問題　なぜ日本へ渡ったのか……44

ネオ・スピリチュアリズム　21世紀霊性時代の生き方

第三章　浅野和三郎「日本神霊主義」
日本に渡りスピリチュアリズムは進化した……51
偉業を成した日本の心霊研究の父……52
浅野和三郎がスピリチュアリズムを前進させた点……54
浅野和三郎批判の意味するところ……59
「人は何処より来りて何処に去るのか
——人類永遠の謎を科学的に解明しようとした」……61
「彼の知性は、思いがけない罠にはまった」……62
「明治の知的エリート浅野和三郎（……）の思考の悲しき痕跡」……64
守護霊研究の大きな意義　ネオ・スピリチュアリズム「人は神」の根拠……67

招霊実験（鎮魂帰神）による守護霊研究は世界的業績……67
浅野の「創造的再生説」……68
守護霊研究と自然霊研究が「人は神」の土台となる……69

第四章　「日本神霊主義」の進展　脇　長生……77
脇　長生「波長の法」の功績……78
霊の働きを詳細に解明した意義……82
霊の働きの実例『スピリチュアルな生き方原典』……82
波長の法は人生指導原理の基本……86
幽体浄化……89
日本神霊主義の病気観……91
脇独特の血液と霊の感応……91

ネオ・スピリチュアリズム　21世紀霊性時代の生き方
脇の病気観は「人は神」に半歩近づいた……93
「人は神」(桑原のネオ・スピリチュアリズム)の病気観……95
ネオ・スピリチュアリズムへの飛躍……97

第五章　ネオ・スピリチュアリズムの成立　桑原啓善……103
シルバー・バーチの会設立までの軌跡……105
一九七三年(昭和四八年)　戦死者の声『同年の兵士達へ』……105
一九八一年霊示　不戦非武装の平和運動を決断……107
一九八二〜八四年　決死の平和運動……108
一九八四年　革命家 宮沢賢治の発見……110

一九八五年　ネオ・スピリチュアリズムの誕生……112
ネオ・スピリチュアリズムとは何か……113
ネオ・スピリチュアリズム六か条……113
ネオ・スピリチュアリズムが西欧のスピリチュアリズムから進化した点……115
媒体論の意義……120
因果律で「人は神」を知る……126
決死の愛の実践がネオ・スピリチュアリズムを生み出した……128

第六章　「決死の愛」は日本の精神……143
武士道の本質との一致……145
「日本的霊性」の妙好人とデクノボー（決死の愛の人）の一致……147
道宗——決死の愛に生きる……147

ネオ・スピリチュアリズム　21世紀霊性時代の生き方

才市――「あなたはわたし」（人は神）に生きる……149
日本の心（生命一元）の再生……156
童話「烏の北斗七星」（宮沢賢治）と決死の愛……156
国家神道（天皇だけが神）の誤り……160
日本の生命一元論が世界平和の原理……162
終わりに　――ネオ・スピリチュアリズムは神界計画……164
あとがき……169
初出一覧……172

序章　現代文明の基礎、唯物科学に問題がある

霊を認めない現代文明の行き詰まり

今なぜ、ネオ・スピリチュアリズムなのか。それは「人間は霊」（霊魂説）を認めない現代文明がゆきづまっているから——霊魂説を認めないから、人類文明はゆきづまり、地球全体危機的状況になってしまったといえるのではないか。そう考えることは、決して否定できないはずである。

桑原啓善（注1）が創始して唱導しているネオ・スピリチュアリズムは、現代科学が認めない霊魂説に立脚しているため、一般的に学問としては認識されていない。これまで山波言太郎（本名・桑原啓善）がネオ・スピリチュアリズムに基づく実践活動（リラ自然音楽運動）を他団体で発表したことはある（注2）が、ネオ・スピリチュアリズムそのものが学会等でとりあげられ論じられたことは殆どなかった。最近になってようやく渡部俊彦がネオ・スピリチュアリズムについて学会で研究発表（注3）するようになった。渡部がとりあげ指摘しているように、ネオ・スピリチュアリズムは深刻な現代の課題に応えて根本的な解決策を示している。ネオ・スピリチュアリズムから発展した実践活動も次々展開して、リラ自然音楽療法では目に見える成果として、山波の著書やリラ自然音楽療法研究センターの「LYRA通信」等で報告されている。山波は（注1）の前掲論文「聖書の記述が今、現実となり始めた」で、ネオ・スピリチュアリズムの立脚点「霊の存在」「神・サタン（見えない霊としての）存在」「人は神の子」を仮定された真理とすれば、そこが宇宙の事象や社会の現象を解明する新しい学問の出発点となると発言している。その通りであると思う。社会現象を眺めても、今日本ではスピリチュアルが大衆文化としてブームとなっているが、これは近代以降いくら科学（学問）が「霊」を認めなくても、亡霊のように、もぐら叩きのもぐらのように「霊」が立ちあらわれることを示しているといえよう。もはやタイムリミットではないか。現代文明の奥の院「科学」は、霊は存在しないと本当に断言できるのか。「霊は存在しない」という断言の上に、この我々の文明はすべて成り立っているのである。

だから我々は我々の責任において、もう一度、今、本当に霊は存在するのかしないのか、答えるべきなのだ。

霊魂説が文明転換のキーポイント

なぜアカデミズムは「霊の存在」をタブー視するのか。具体的には一八四八年に発生した近代心霊研究をなぜ黙殺するのだろう。以前から漠然と感じていたこれらの問題意識に、津城寛文『〈霊〉の探究　近代スピリチュアリズムと宗教』は大きな示唆を与えてくれた。それは**「知は力」に立脚した近代西欧文明のアキレス腱が科学の鬼子と言われる「近代心霊研究」である**と再確認することが出来たからである。現在の地球と世界の危機を越えて新時代に入るには、近代心霊研究が提出した「霊の存在」

を、あらゆる学問に於て仮説として認めること、その為には学徒の一人一人が死後生存（永遠の生命）まではせめて、事実として認めること、すなわちスピリチュアリストになること。そのためには、どうしても知恵の実を嘔吐することが必要であるだろう。知恵の実の嘔吐とは、「知は力なり」から「愛は力なり」への転換である。この時、初めて真の学問の出発点に立ち、これまで見えなかったものが見えてくるのではないだろうか。ネオ・スピリチュアリズムは、そこへ至るための原理（口絵の「ネオ・スピリチュアリズム6か条」）と実践（同じく「でくのぼうの生き方実践綱目」）を示したものである。

（注）

1　桑原啓善（ペンネーム山波言太郎）の略歴
「詩人、心霊研究家、自然音楽療法研究家。不可知論者であった学生時代に、心霊研究の迷信を叩こうとして心霊研究に入り、逆にその正しさを知ってスピリチュアリストになる。浅野和三郎氏が創立した「心霊科学研究会」、その後継者脇長生氏の門で心霊研究三十年。氏の没後「生命の樹」を創立してネオ・スピリチュアリズムを唱道し、一九九九年でくのぼう革命を遂行。現在は「リラ自然音楽研究所」を設立して、地球の恒久平和実現のために、地球人の魂の癒しと進化の実践活動を展開中。訳書『シルバー・バーチ霊言集』『ホワイト・イーグル霊言集』『霊の書』上下他。著書『ワンネスブック・シリーズ』等心霊書。『音楽進化論』他多数。」
(『愛で世界が変わる　ネオ・スピリチュアリズム講話』二〇〇七年 でくのぼう出版)

2
山波言太郎「人類の癒しにリラ自然音楽を」『サトルエネルギー学会誌』一〇巻二号
二〇〇五年
山波言太郎「聖書の記述が、今、現実となり始めた」『地球マネジメント学会通信』
第七七号 二〇〇七年一〇月

3
渡部俊彦「心霊研究とスピリチュアリズムの発展史概観」『国際生命情報科学会誌
(Journal of ISLIS)』二五巻一号 二〇〇七年三月
渡部俊彦「ネオ・スピリチュアリズム ――その歴史、理論、実践、産物――」『地球
マネジメント学会通信』第七六号 二〇〇七年八月

第一章　近代心霊研究　「霊」というタブーをこえて

フォックス家事件　神人協同の大事業の始まり

唯物思想というとらわれ――物神支配

人間は今「物神」という唯物思想にとらわれていると桑原は言う。この物神信仰から人類の三大迷信①「幸福は物質から得られる」②「安全は武器で守られる」③「神は外にいる」は生まれ、現代文明をつくり人間の常識（生き方）をつくっていると言う。これは桑原の一貫した認識である。近代心霊研究の発生はこの物神信仰から人類を解放するために「神界」で計画されたものであるとネオ・スピリチュアリズムでは解釈している。一八四八年、アメリカニューヨーク州ハイズヴィルのフォックス家の騒ぐ幽霊《ポルターガイスト》事件がその起点となるが、この同じ年に「共産党宣言」が出されている。この対蹠的な二つが同年であることはわかり易い図式をつくっている。どちらも新しい

「科学」であり、科学の土俵の上で、唯物思想すなわち人は肉体（物は宝）と、人は霊（物より心）と、この二つが提示され歩き始めたのである。そして現代まで唯物思想の勝利で物神支配がつづき、今我々はその物神支配（「物は宝」のとらわれ）の中にあるといえる。だから「霊」はタブーなのだ。巷では面白おかしく語っても自由だが、科学や学問では霊は排除される。典型的なのが日本の近代化の過程で起こった「千里眼事件」（一九一〇～一一年）である（注1）。日本ではこれ以降、アカデミズムから近代心霊研究は排斥され現在に至っている。

フォックス家事件は桑原によると、「微細な点まで計画された」（シルバー・バーチの言葉）神界計画だと結論づけられる（注2）。単なる幽霊事件のように見えながら、その中には遠大な新時代到来までのスケジュールを見越して、心霊研究を発生させる要因がすべてその中に組み込まれた、外見はみすぼらしいが見事なそれは一粒の黄金の種子であった。しかし、脳機能学者苫米地英人によると、フォックス家事件は詐術（叩音は足の関節を鳴らしたトリック）の一言で否定されてしまう（注3）。苫米地はフォックス姉妹の虚偽をあばく目的で組織されたたった一回の調査報告だけを取り上げて、他の多数の中立的学術的な叩音を認める調査報告はすべて無視している。あきらかに事実をねじ曲げている(注4)。苫米地の前掲書はすべての心霊現象を否定し、スピリチュアリズムはオウムと同じ危険思想と主張するのが目的で書かれたようだ。一六〇年も前の調査報告書の吟味は水掛論ともなろうが、それよりも、現在の物神支配のかげりがむしろ同書のヒステリックなところから感じられる。このような所からも唯物科学信仰ともいえる「霊はタブー」の時代はもう終わらなければならないと痛感する。

神とサタンの熾烈な闘いと三つの時代

フォックス家事件は、この時、この場所、この環境でなければ起こり得ない一点が神界によって選ばれ起こされたと考えられる。それゆえ見事に近代心霊研究は花開くのだが、始まりから非常に困難な道なき道であった。心霊研究からネオ・スピリチュアリズムまでそれは一五〇年かけてアメリカからイギリスへそして日本へ、熱狂や非難攻撃の嵐をくぐり抜けて、真理探究と素朴な無私の献身が拓いた道である。だから同じ真理への献身がないと、そこから開かれる曇りのない眼がないと、この細い道は見えてこない。このひとすじの道を、最も早い時期の高級霊界通信『霊の書』（注5）のアラン・カーデックは、次のように言っている。①心霊現象の研究時代、②哲学的な教えの面が深められる時代、③実践の時代。この三つの時代を桑原は①は一八四八年フォックス家事件から一九二〇年頃の第一次世界大戦が終わりSPR（心霊研究協会）が衰退をはじめる頃まで、――唯物主義の闇を破る霊の存在証明をする心霊現象の科学的研究時代。②は高級霊からの啓示を受信する、すなわちホワイト・イーグル（受信者グレース・クック、一九七九年他界）とシルバー・バーチ（受信者モーリス・バーバネル、一九八一年他界）を受けとる一九八一年まで。新時代の原理が伝えられそれを探究するスピリチュアリズムから日本神霊主義の時代。③は一九八一年からのネオ・スピリチュアリズムによる地球の新時代を迎えるための変革の実践時代（注6）。

この三つの時代を通る細いひとすじの道は神界の通路となった一握りの人々の命がけの闘いによってつくられたものである。なぜならば、世界には神々（高級霊）や天使が存在すると同時に神に反逆するサタンも存在し、それに与する邪霊、低級霊も存在するのだから、新時代到来の神界計画を必死で阻止する勢力が厳然と存在し、人間と一体となって働くのである。いわば一人の人間の背後には、神界につながる霊団と、サタンにつながる霊群との激しい闘いが常におこなわれているのである。フォックス家事件の後、霊媒体質ゆえ熱狂と差別の只中にあって、フォックス家の姉妹（もう一人の姉リーとマーガレット）は次のような叩音アルファベット通信を得た。「友よ、この真実を世に公表せねばならない。これは新しい時代の曙光である。これはもはや隠してはいけない。貴方がたが義務を果たす時、神は貴方がたを守り、善霊達は皆さんを守るだろう」（注7）。この後全米中が心霊現象のブームになり、フォックス姉妹も激しく運命に翻弄されることになるが、それは使命をもった者を通して、ひとすじの光の道をつくるための神々とサタンとの闘いがあったからである。「霊」をめぐるタブー、激しい肯定と否定、その裏には神とサタンとの地球新時代を賭けた闘いがあったからではないだろうか。

真正な心霊現象の条件

霊媒と心霊研究を縛る宗教の弊害

フォックス家事件から、なぜ心霊研究が発生したのかというと、それは霊媒の発見があったからである。フォックス家の二人の娘が霊媒体質であった為、叩音（ラップ）が起こった。それならば霊媒を実験室に連れてくればくり返し実験が出来るということがわかり、ここから科学的な心霊研究が始まる。心霊研究は科学の中心地イギリスに飛び、ヨーロッパ全土に広がっていくが、しかし、ヨーロッパには根強いキリスト教の伝統があり、これが心霊研究とスピリチュアリズムの進展を強力に阻んだ。イギリスでは、魔女は死刑にするという法律があり、一七三五年に魔術を使うことを禁じる「魔術法」(Witchcraft Act 1735)に改正された。これは何と第二次世界大戦後の一九五一年になってやっと廃止されている(その後一九五一年以降も霊媒虚偽行為取締法がある)(注8)。宗教の弊害は凄いものである。奇跡は神(イエス)のみおこなうもの、それ以外はすべてサタン、すなわち心霊現象を起こす霊媒は魔女。霊媒行為は禁止され現実に取締まられ処罰された。だから、イギリスのスピリチュアリストは、魔術法廃止と浮浪者条令改正のために第二次世界大戦後まで議会闘争を展開したのである(注9)。

心霊研究はその発生からスピリチュアリズムへの展開まで、キリスト教のドグマと近代科学の唯物主義とのはざまで、常に偏見、蔑視、反感の困難な歩みを歩いてきたのである。

ミイラとりがミイラになる学者たち

桑原啓善の著書のプロフィールには必ず次のように書いてある。「心霊研究の迷信を叩こうとして心霊研究に入り、逆にその正しさを知ってスピリチュアリストになる」。このいわゆるミイラとりがミイラになるケースは心霊研究の科学者には特徴的である。世界最初の科学的方法による心霊現象の研究をしたアメリカ屈指の科学者へアーは、フォックス家事件をきっかけに全米でブームとなった心象現象に対し「理性と科学を無視した迷妄に、とうとうとしておもむく狂気の沙汰の流れを食い止めるのは、同胞の義務である」と一八五三年に新聞に発表し、厳密な科学装置を作って実験をくり返した結果、「現象は真実である」とスピリチュアリストになる。また元素タリウムの発見者、イギリスの世界的な物理学者、クルックスは「スピリチュアリズムのもつ無価値な残滓を、魔術と呪術という未知な地獄境へ追いやる」と一八六九年から五年間心霊研究に没入し、逆に霊魂の実在を確信する。そしてそれから三〇年後の「イギリス学術協会」会長就任演説で、「我々の科学的知識の外に、人間の通常とは別の知能によって行使されている一つの力が存在する」と霊魂実在を明言する（注10）。このようにすぐれた科学者が学者生命を賭け自ら厳密な実験をして、その結果霊の存在を認めたということを、今我々は全く忘却してよいのだろうか。忘却するということはノーベル賞級のすぐれた知性を否定することになるのである。

当時の科学者は現在とは全く環境が異なっている。科学の未開拓の広野に真理探究の純粋な情熱を燃やし、国家や企業の金ではなく、自分のポケットマネーで研究に打ち込んだ。キュリー夫人は八トンの鉱石から、わずか〇・一グラムのラジウム塩を得たという。驚くべき真理探究の熱情と努力であるが、同様の真理への献身がウォーレス、クルックスやマイヤース等、霊の実在の証明に学者生命を賭けた一握りの優れた学者たちにはあったのである。ただ発見したものが、ラジウムではなく、霊魂であった。ノーベル賞を二回受賞したマリー・キュリーとの違いはそれだけではないか。そして霊魂こそ、パラダイム・チェンジのカギであることが、今や見えてきているのではないだろうか。

心霊実験の条件

真正の心霊現象の実験を行うには、明確な法則がある。テーブル浮揚の実験を重ね、その現象の内面機構（霊媒からエクトプラズムという生きた物質が出て、それが物理的にテーブルを支えるメカニズム）を物理学的に非常に綿密に研究したイギリスの機械学のクロフォードは、『心霊現象の確実性』で、良好な心霊実験を行う条件を次のように書いている。

（一）有力な霊媒、（二）その霊媒をまもる一つの座《サークル》、（三）霊媒とその座《サークル》の人たちが精神的に団結し、いわば一心同体の働きをして、それによって世のため人のために最大の効果をあげようとする覚悟があること、(四)それらの人たちと目的が同じ霊界の居住者、すなわち支配霊がこれに関与すること、(五)実験が厳密な統制下に行われ、任意的偶発的であってはならないこと、以上です。なお、私の経験からいえば、霊媒とその座《サークル》が金もうけを主な目的とする時、その実験は無価値です」。(注11)

クロフォードは、一九一四年から六年間週一回の割合で貧しい労働者のゴライヤー家の七人の霊媒家族(末娘カサリーン中心)で実験を重ねた。その経験から非常に重要なことを言っている。真正の心霊実験をおこなうには、まず何よりも学者と霊媒が金や名誉を求めず純粋に世のため人のために真実を探求しようという目的で行うこと。そして学者と霊媒の人格が大切であること。つまりそれは学者と霊媒の人格に応じて背後に働く霊は決定されるからである。世のため人のためにという純粋な愛と奉仕の精神で、真実を探求しようとするならば、必ずそれに応じた高級霊団が背後で働く。それは物理的な共鳴の法（波長の原理）による。但し物理的心霊現象（テーブル浮揚や叩音現象など）の場合は、現象を生起させるには必ず低級霊（物質に近いエーテル界の自然霊など）が関与し働く。だからこそ、学者、霊媒、実験列席者（サークル）の人格と実験の目的が重要でそれが実験の成否を決定する。物質に働き易い低級霊を管理する高級霊の霊団《グループ》が背後に働くならば、真正の現象が生起するからである。ゴライヤー一家は貧しい労働者であったが、霊魂実在を世のため人のために伝えようという崇高な信念があったという。このような無欲で奉仕の精神をもつ霊媒と純粋に真理へ献身した学者たちの幾多の蓄積された厳密な科学的手法による霊の存在証明の業績、つまり近代心霊研究が、これまで一〇〇年以上闇に葬られてきたのである。唯物科学信仰ともいうべき近代の暗部で。これら差別と迫害を受けた霊媒と真理探究に殉じた学者の涙を辿って、ネオ・スピリチュアリズムへの細い光（霊）の道はつくられていったのである。

（注）

1　千里眼事件については一柳廣孝『〈こっくりさん〉と〈千里眼〉――日本近代と心霊学』一九九四年　講談社選書メチエ参照

2　桑原啓善『神の発見』一〇四頁～一二三頁　一九九九年［一九八七］でくのぼう出版
桑原啓善『デクノボー革命』上巻　四九頁～六二頁　一九九二年　でくのぼう出版
（参考に本文に一部引用したシルバー・バーチの一文を記す。「この百年間に、微細な点まで計画されたプランに従って、ある種の組織的な努力が、われわれ霊界の方から推進された。これは厳然たる事実である。今回は、霊的真理が地上に来てとどまり、地上の何ものもこれを妨げ得ないことは決定的である。この計画は成功しつつある。」『デクノボー革命』上巻　三頁）

3　苫米地英人『スピリチュアリズム』一九頁　二〇〇七年　にんげん出版

4　フォックス家事件の叩音現象の調査については『デクノボー革命』上巻　七二頁～七四

頁を参照

5 アラン・カーデック／桑原啓善訳『霊の書』上下 一九八六〜八七年［一八五七］潮文社

6 『デクノボー革命』上巻 一六二頁〜一六四頁

7 『神の発見』一一八頁

8 The UK Statute Law Database, 英国法務省データベース

9 アーネスト・トンプソン／桑原啓善訳『近代神霊主義百年史』一三〇頁〜一三一頁 一九八九年［一八四八〜五〇］コスモ・テン・パブリケーション
『デクノボー革命』上巻 六〇頁〜六一頁

10 『神の発見』一二八頁〜一四三頁

11 浅野和三郎『神霊主義 心霊科学からスピリチュアリズムへ』一五一頁 二〇〇三年［一九三四年］でくのぼう出版

第二章　スピリチュアリズム
――霊交があきらかにした死後の世界

死後の世界がなければ正義なし

スピリチュアリズムとは心霊研究の帰結に立った人生指導原理である。すなわち心霊現象の科学的合理的な研究の結果、霊魂の実在が証明されたので、信頼できる霊界通信に立脚して、死後の世界があるならば人間はどのように生きたらよいのかを探究したものである。いわば「純正な霊界通信のエキスと、心霊研究の集約された原理とを一つにより合わせて成立」（桑原）した、これも歴とした学問である。

スピリチュアリズムの基本原理は、人間は死後も個性が存続し死後世界を生き永遠に進歩向上していくという点にある。死ぬと人は生前の人格と個性はそのままで死後の世界（幽界）に入り生活をする。死後の世界は階層世界で、自分の想念（波動、すなわち幽体の浄化度）に応じた世界に自動的に入ることになる。ということは、生死をつらぬいて因果律と自己責任の法があるということである。ふつうの善人は同じ善人ばかり住む幽界上層の地上より美しい世界サマーランドに入る。正直者は馬鹿をみないということだ。逆に人を騙しいじめたエゴの人は死後低い階層に入る。それは誰のせいでもない、自分が生前自己中心の生き方をした結果である。このように死後どのような世界に入るかは生前の毎日の生活で、自分が言行想で、自分の魂（幽体）に刻みつけた結果なのである。これが信頼できる多数の霊界通信からつきとめられた死後の世界である。これを知る時、人は初めて自己中心の生き方から愛の生き方へ転換できる。臨死体験した人がしばしば人生を肯定的に愛の生き方に一変することがあるというのは、知識ではなく事実として死後の世界の実在と霊（愛）の存在を魂が知るからである。このように死後の世界を知ることで、人は根源的に生き方を肯定的に愛の方向に誰でも一八〇度転換することができるのだから、霊交により正しい死後の世界をつきとめたスピリチュアリズムの意義は計り知れないのである。

しかし、スピリチュアリズムは、苫米地英人の前掲書『スピリチュアリズム』が典型的に示すように、なぜか低級なものと決めつけられている。「世俗的知識人や宗教的知識人からと同様、選ばれた少数者の『秘儀参入』を強調する人智学その他のオカルティストから、侮蔑的な評価が与えられてきている」（注1）という空気は、唯物科学だけでなく、広くあたかも空気のように浸透している。たとえば一二、三年前ベストセラーになった天外伺朗『ここまで来た「あの世」の科学』は、素粒子の物理学と東洋哲学、そして深層心理学から「あの世」を探究して、多くの知識人にも肯定的に迎えられたものである。ここでは追試できないものは基本的に認めない、だから心霊研究、スピリチュアリズムは認めないとして、心霊現象も「多くは、錯覚やイカサマ、あるいは手品の類かもしれません。また、この分野は「素粒子の物理学」や「深層心理学」などとは違って、学問的な整理がされておらず、まともな研究者が取り組むことはまれです」としている（注2）。だから天外はスピリチュアリズムのとらえた死後の世界と生死を貫く因果律は否定する。しかし因果律なければ正義なし、いくらあの世もこの世も一つの宇宙で一つのいのち（神）だと言っても、それは絵に描いた餅に過ぎない。もしも毒麦を播いても小麦が実り刈り取れるのならばそのように何をやっても返ってこないのなら、したい放題、建て前とホンネの使い分けをしない人間の方が少ないだろう。いくら宇宙の基本は「無条件の愛」だと言っても、唱い文句に過ぎず骨抜きの愛である。天外は瞑想が悟りに至る（霊性進化）最良の方法としているが、ネオ・スピリチュアリズムの媒体論、波長の法と霊（想念）の働きが示すのは、もし日常の愛と奉仕を手抜きにして瞑想だけするのであれば、甚だ危険、瞑想をする絶対的前提は、日常の愛と奉仕の生活実践であるということである。

天外ばかりでなくアメリカのニューエイジやトランスパーソナル心理学の流れでは、しばしばワンネスの愛を唱えるが、スピリチュアリズムのつきとめた具体的な死後の世界を認めないから、同様の問題があると考えられるのである。日常の愛と奉仕の生活が絶対条件でなければ、サタンにしてやられることを、ネオ・スピリチュアリズム以外言わないから、骨抜きになるだけでなく、むしろ大変危険なのである。

玉石混交の霊界通信

霊媒が受けとる霊界通信は、オーテン（イギリスの心霊研究家）によれば九五パーセントが信用できないという。詐術、霊媒の潜在意識、テレパシーの読み取り、不完全、低級霊などがほとんどで、信用できるのはわずか五パーセントだとする。桑原は更にその五パーセントも、その日の霊媒の心身のコンディションで不完全にもなり、霊媒のほんの僅かなエゴ心でもすぐれた霊媒ほど邪霊が狙うから危険と警鐘を鳴らす。だから霊媒は人柄（素直で愛がある）が絶対条件という。ということは幽界の低級霊の信用できない霊通信が山程あるということで、霊媒行為や霊通信が、一般的におどろおどろしくいかがわしい低級なものとみなされるのも、そのようなところにあるだろう。にもかかわらず、スピリチュアリズムの本質は、五パーセントの信頼できる霊通信を基に成立したものであるから信頼できるのである。すぐれた霊通信『ジュリアの音信』（注3）は、無名の一女性からの通信だが、確かに本人であることを証明する「身元証明」をしている。このような人間的に誠実な姿勢に貫かれているのがすぐれた霊界通信の特長である。津城寛文は前掲書『霊の探究』で、スピリチュアリズムの通信霊は名前を告げたり身元証明をするところが、他の現代のニューエイジ系のチャネリングなどとは異なるところで、際立った特徴であると指摘している。

多数のとるに足らぬ霊通信の山からほんの僅かな高級霊界通信を選び抜きそれを基にし、なおかつ心霊現象の科学的な研究から得られた原理から、合理的に導き出されたものがスピリチュアリズムである。ということは、スピリチュアリズムを形成する高級霊通信は、単なる死後の世界があることを教え「安心」を得させることだけを目的としたものではなく、シルバー・バーチ（注4）やホワイト・イーグル（注5）が告げるように、新時代のために計画された一連の神界の事業と考えられるのである。西欧のスピリチュアリズムからさらに海をこえ日本で開花するネオ・スピリチュアリズムの種子は、膨大な玉石混交の霊通信の中から奇跡のように存在した人は神の子とおしえる「シルバー・バーチ」と「ホワイト・イーグル」、この二つであった。アラン・カーデックの言う第二段階の哲学的な啓示の時代は、次の第三段階の実践の時代のための準備の時代でもあったのである。

西欧的自我の問題　なぜ日本へ渡ったのか

西欧近代はデカルトの「われおもうゆえにわれあり」という、近代的自我の目覚めに発するといわれる。しかしネオ・スピリチュアリズムによると、人間とはデカルトの言うような確固とした独立的なものではないことを媒体と波長の法則からつきとめている。自己と他者（他の人間や死者の霊ばかりでなく、神々サタン、動物植物鉱物自然界）の心（想念）は常に（波長が合えば）交流し合って存在している。自分の心（思想感情）には常に他者の心が入り混じっているから、完全にデカルトの言うような独立した我《われ》ではないという事になる。とはいえあくまでも主体は自己、責任主体は自己。つまり人間の心の座は幽体にあり、自己の幽体の浄化度（波長）に合った他者と交流しつつ自己の心をつくっているからである。西欧に発するスピリチュアリズムは、海を渡って日本でネオ・スピリチュアリズムとなり、デカルトの自我を越えて、複合的で主体的な自我となっている。それはネオ・スピリチュアリズムが人間の構成を〈霊・媒体・肉体〉の三つにおいて、新しくとらえ返したからである。ネオ・スピリチュアリズムはこの新しい自我に立脚しつつ、人間の生き方（政治、経済、社会、文化、教育、医療にまでわたる実践）の指針を理論的に展開し始める。これはひとえに西欧とは異なった人間観がここに胚胎したからである。そこにこの基本となるのが媒体論である。

西欧ではスピリチュアリズムを発生させたが、自他一体のワンネスの宇宙法則＝人は神（の子）までは進展しなかった。それは、「イエス・キリスト一人を神の子とする宗教的な先入観にもよるが、もう一つは自己と他者を弁別するデカルトの固定観念、いやむしろそれは西欧人の心質からもたらされた壁のために、そこから踏み出せなかった」(注6)と言えよう。ここからワンネス宇宙法則や人は神の子の人間観に至るためにはスピリチュアリズムと全く同じ一霊四魂説を古代の教えとしてもつ日本にスピリチュアリズムが入り、そこから日本神霊主義（浅野和三郎、脇長生）へ、そしてネオ・スピリチュアリズム（桑原啓善）までこなければならなかった。

西欧の体質はどうしても二元論的になりがちである。この二元論に立脚した科学で物質文明は発達させられたのだが、「どうしても他者である自然界（デカルトの言う延長）に対する自我の優越が押さえられなくなる。ここに自他の区別ができる。つまり支配する自我と、支配される自然界（動物・植物・鉱物）の自他の区別ができる。ここから自己中心的な人間支配、即ち人間中心主義の傾向が生じ易い」(注6と同じ)。

たとえば、ラインの超心理学はスピリチュアリズムとは違った方法で霊の存在を追究し始めたが、やはり在来の科学の方法に拘泥したために、せっかくＰＳＩ《サイ》（人間のもつ超常能力）を科学的にとらえたが、そこから先一歩も進めなくなった。すなわち死後個性の存続の課題に手を触れることが出来ず、むしろ霊魂仮説と対立する超ＥＳＰ仮説の袋小路に入る。

神智学などオカルト系も主知主義的であり、その点からスピリチュアリズムを低級と見なすのが一般的である。いずれも西欧的自我の特質を示している。

西欧でのスピリチュアリズムは、その後霊交による人生の安心やスピリチュアルヒーリングなどが主となり、個人の救いに役立つものとして今日まで機能している。しかし、近代心霊研究が最後の花として伝えられたシルバー・バーチやホワイト・イーグルの真の啓示の目的は、人は神の子を根源とする魂の変革、全人類が人は神の子に目覚め、人類が地球新時代に入るところにあったはずだ。このような啓示の核心は日本にきて花開くことになる。『シルバー・バーチ』はイギリス本国では、数点がときおり再刊されては絶版状態になる状況だが、日本では常時二〇種類程出版され流通しているという（注7）。シルバー・バーチがイギリスより日本人の心にフィットするということなのだろう。何よりも、シルバー・バーチの人は神、ワンネスの思想は日本人になじみ易いこと、そのようになじみやすい自然観生命観を日本人が体質的にもっていることを示しているのではないだろうか。同時に、それを見越した神界計画が、一八四八年を起点に神霊界から始まったということの、それは証でもあるのかもしれない。

（注）

1　津城寛文『〈霊〉の探究　近代スピリチュアリズムと宗教学』一〇二頁　二〇〇五年　春秋社

2　天外伺朗『ここまで来た「あの世」の科学　改訂版』二七七頁　二〇〇五年［一九九四］祥伝社黄金文庫

3　W・T・ステッド／桑原啓善（抄訳）『ジュリアの音信』一九九三年　でくのぼう出版

4　モーリス・バーバネル／桑原啓善訳『シルバー・バーチ霊言集』一九八四年［一九三八］潮文社、他多数翻訳書あり

5　グレース・クック／桑原啓善訳『ホワイト・イーグル霊言集』一九八六年［一九五八］潮文社、他多数ホワイト・イーグルの桑原翻訳書あり

6　カギカッコは桑原啓善の言葉をそのまま引用してある。

7　『〈霊〉の探究』二五六頁

第三章　浅野和三郎「日本神霊主義」

日本に渡りスピリチュアリズムは進化した

偉業を成した日本の心霊研究の父

浅野和三郎（注1）は西欧の近代心霊研究とスピリチュアリズムを日本に植え付けた「日本の近代心霊研究の父」である（注2）。浅野はスピリチュアリズムを「心霊主義」ではなく「神霊主義」と翻訳した。宇宙は一つの生命体で霊は神につながるからこれが一番妥当な訳語であるとした。この標語は以後「日本神霊主義」として浅野から脇長生へ受け継がれていった。浅野の偉業は大正一二年（一九二三年）に「心霊科学研究会」を創立し、昭和一二年（一九三七年）に他界するまでの僅か一五年間に成し遂げられた。それは正に「和魂洋才」が発揮された、もっとも優れた近代日本の知識人の仕事であり、あり得べき日本の近代化の礎であった。一八四八年の近代心霊研究の発生から一九二〇年～三〇年代のスピリチュアリズム運動に至るまでの欧米の成果をそっくり日本に移植しただけでなく、日本古来の思想（古神道）と西欧のスピリチュアリズムが、根源において一致していることをつきとめて、「日本神霊主義」ととらえ直し、スピリチュアリズムを一歩前進させたのである。浅野は昭和三年（一九二八年）「第三回国際スピリチュアリスト大会」に日本代表で出席し、「近代日本に於ける神霊主義」という演題で、日本の古神道がスピリチュアリズムと全く共通であることを、英語で講演している。今、例えば新渡戸稲造の「武士道」や鈴木大拙の「日本的霊性」が見直されてきているが、新渡戸の武士道も大拙の仏教や禅も英語で書かれ海外で出版され、日本の精神（文化）を紹介したものとして海外で注目されたが、浅野の講演は日本古来の精神と近代西欧の粋（科学）の一致という、文明論にまで及ぶ大問題を提起したのである。しかしそれは現在に至るまで、完全に忘れられている。その浅野の古神道とスピリチュアリズムの一致という問題提起をネオ・スピリチュアリズムでは、今「人は神」の宇宙法則でとらえ直して、明確なかたちをとって再生進化させている。だから日本に於ける正統な心霊研究、スピリチュアリズムの流れは、浅野和三郎――脇長生――桑原啓善であると言える。正しく浅野の偉業をネオ・スピリチュアリズムだけが受け継ぎ、展開しているからである。

浅野和三郎がスピリチュアリズムを前進させた点

浅野和三郎が西欧のスピリチュアリズムを前進させた点とは何か、桑原啓善はくり返しその著書や論文に書いている。

「浅野は日本古来思想とスピリチュアリズムを融合させた。これが「日本神霊主義」の成立。浅野は人の背後には守護霊（祖先霊の一人）があり、その上に守護神（龍神）があり、その源に創造神ありとした。また自然界の背後にも守護の龍神あり、その源は創造神。こうして人は守護霊を通じて、祖の龍神（神々）と、自然界の龍神（神々）とも、更にその深奥の創造神とつながる守られた存在。また万有も然り。こうして日本古来の「生命一元論」と西欧スピリチュアリズムとが融合した」(注3)。

桑原がとらえた浅野の神霊主義を図式化したものが下の図である(注4)。それではどのように浅野は日本古来思想とスピリチュアリズムを融合させたのか。浅野は昭和九年に『神霊主義　心霊科学からス

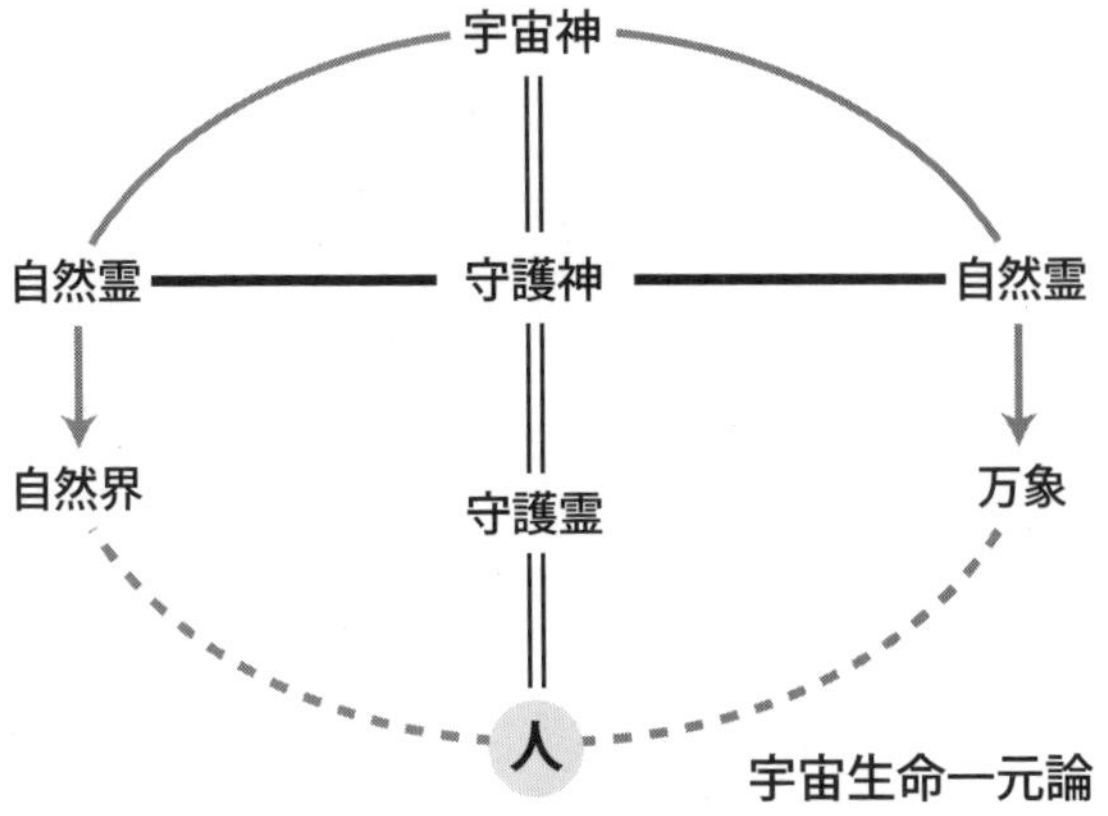

図１　日本神霊主義（浅野和三郎）
桑原啓善 作成

ピリチュアリズムへ』を著し、近代心霊研究からどのようにスピリチュアリズム（神霊主義）が導き出されたのかを解説している。浅野は心霊研究の結果を集約して次の一五条にまとめている（注5）。

(1) 心霊現象は科学的事実である。
(2) いかなる異常現象も自然の法則の現れである。
(3) 各自は自我表現の機関として各種の媒体をもっている。
(4) 各自の個性は死後に存続する。
(5) 各自は永遠に向上進歩の途をたどる。
(6) 死後の世界は内面の差別界である。
(7) 各自の背後には守護霊がいる。
(8) 守護霊と本人とは不離の関係をもつ。
(9) 幽明の交通は念波の感応である。

⑽ 超現象の各界には種々の自然霊がいる。
⑾ 高級の自然霊が人類の遠祖である。
⑿ 最高級の自然霊が事実上の宇宙神である。
⒀ 宇宙の万有は因果律の支配を受ける。
⒁ 宇宙の内部は一大連動装置をなしている。
⒂ 全大宇宙は物心一如の大生命体である。

浅野はこの心霊研究の結果から、人生指導原理として次の四大綱領を導きだして神霊主義とした。（注は熊谷）

一、大自然主義（哲学的）（注、古神道でいう惟神《かんながら》の道）
二、大生命主義（科学的）（注、宇宙は一大生命体）
三、大家族主義（道徳的）（注、宇宙万有には中心があり組織がある）

四、敬神崇祖主義（宗教的）（注、日本の伝統思想「人は祖に基づき、祖は神に基づく」）

浅野は、西欧にあってはデカルト的二元論からどうしても出られないスピリチュアリズムを、日本古来の、霊も自然も人も共生するいわゆるアニミズム的「生命一元論」でとらえ直したのである。とらえ直すというよりも、日本古来の伝統思想と近代西欧のスピリチュアリズムの本質は同じものであることを発見したのである。それは浅野自身の中に生きている日本人の心性がデカルトの壁を越えたのであり、いや元々デカルトの壁が無いから、より深くスピリチュアリズムをとらえ得たのである。これこそ「和魂洋才」の浅野でなければ出来なかったことであり、スピリチュアリズムが「日本」へ渡った意味である。

浅野和三郎批判の意味するところ

ところが第二次大戦後今日まで、日本では敗戦による反動で、あらゆる面で戦前の思想や「日本的」なものは否定的に解釈される傾向が非常に強い。「反動」という乱暴な言葉でしか、私の中で未だ整理できていないが、これは明らかであろう。近年『国家の品格』のベストセラー以降いわば「日本ブーム」が続き、現在は戦後の歴史認識の修正を発言する中西輝政などによって、戦前の思想についても見直しの動きがでてきた。これまでは浅野の古神道についても、スピリチュアリズムとは無関係なところから、軍国主義思想「明治国家によってつくられた日本イデオロギーそのもの」(注6)と批判されてきた。それは一九年前に出版された松本健一『神の罠　浅野和三郎、近代知性の悲劇』である。評論家松本健一がなぜ戦後は殆ど無名となった浅野和三郎を取り上げ論じたのかというと、浅野が「知的エリートの悲劇」を典型的に演じたと見なしたからだろう。疑似科学（心霊研究）にはまり、新興宗教からファシズムへの傾斜と図式化されるような、ごく一般的なマスコミや知識人の視線が、ここには感じられる。浅野の偉業（白）を悲劇（黒）とみる逆転した目、これは松本が皮相的にものを見ているということではなく、もっと根の深い問題、すなわち、多くのジャーナリズムやアカデミズムの共通した物の見方を松本が示しているということであろう。つまり日本及び世界の文明の依って立つところ、世界観にこそ問題があるのだ。書籍『神の罠』に掛けられた帯の裏表紙側には次のような言葉が書かれている。「人は何処より来りて何処に去るのか——人類永遠の謎を科学的に解明しようとした明治の知的エリート浅野和三郎は、海軍大学教授から新興宗教大本教のイデオローグに転じ、さらに心霊研究に精魂を傾けた。しかし彼の知性は、思いがけない罠にはまった。浅野和三郎の思考の悲しき痕跡を辿りつつ、近代日本の精神史を照射する。」この帯の言葉の内実は、依って立つ世界観が唯物科学信仰か、あるいはスピリチュアリズムかによって三つの点で天地逆転する。

「人は何処より来りて何処に去るのか——人類永遠の謎を科学的に解明しようとした」（傍点原文）

「人は何処より来りて何処に去るのか」この人類不変のテーマは、科学的に解明することはできないとするのが、現在の科学と常識である。しかし、近代心霊研究に立脚するスピリチュアリズムは、解明できるとする。人は死後も生き続ける永遠の生命、すなわち人は霊であるから人は死後も永遠に進歩向上して、神のもとへ帰ると答える。さらに一〇〇年前のスピリチュアリズムよりも現在のネオ・スピリチュアリズムは、更に明快に答えることができる。人は「神から出て神へ帰る」その原理は「ネオ・スピリチュアリズム六か条」のとおり。その原理に基づいた帰る方法は愛と奉仕の生き方「でくのぼうの生き方実践綱目」に示される。さらにネオ・スピリチュアリズムの上に花開いたリラ自然音楽によって、神に帰る霊性進化のスピードアップは今や万人に開かれているとする。一六〇年前に心霊研究が発生して、霊の実在を科学的手法で解明したおかげで、今や、人類永遠の謎は解明されているのである。

「彼の知性は、思いがけない罠にはまった」

浅野の古神道を、ファシズムや軍国主義と同一視する松本のまなざしは、一般的な日本の知識人のまなざしである。神道、天皇制、日の丸君が代、とにかく日本の精神を全否定するのは、否定する自分自身の方がおかしいのではないかと、今我々は自分の色めがねに気付き始めている。人間とは何か、日本人とは何か、本気で今、その問いを自らに問い、答えを発見しなければ、自らを見失い滅びるほかないと戦後生まれの日本人も気づき始めているのではないだろうか。浅野和三郎の日本神霊主義は、神の罠（滅び）ではなく、逆に人間とは何か、日本人とは何かを指す神の導きの手ではなかったか。日本神霊主義からネオ・スピリチュアリズムに展開した今、日本の古神道はスピリチュアリズムと本質が同じであるとするだけではなく、桑原（ネオ・スピリチュアリズム）は、日本の古神道は宇宙法則であるとする。人は神であることを示す桑原の「人体構成図」（浅野の示した古神道の一霊四魂説に基づく）が、それを如実に示している（注7）。

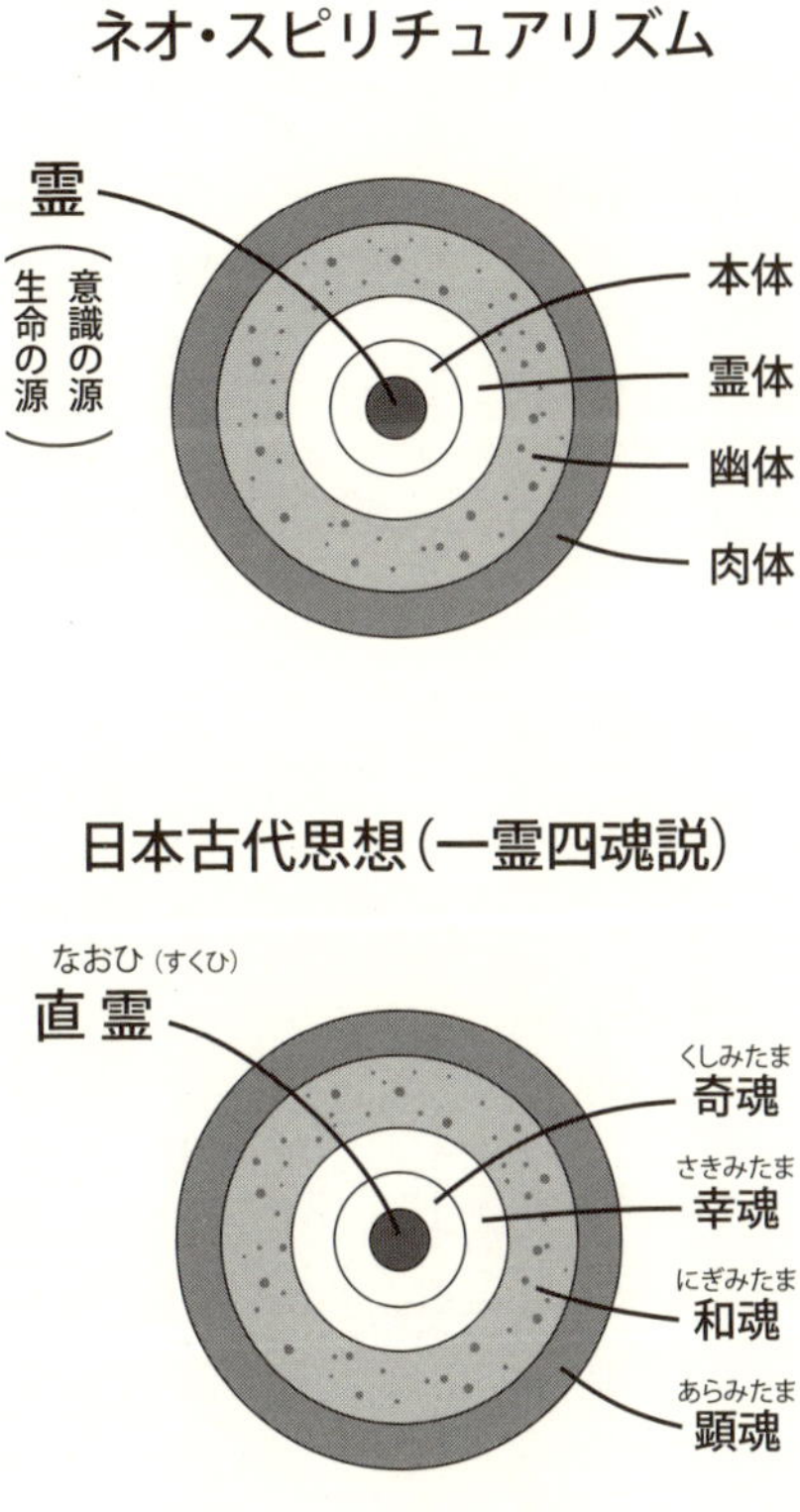

図2　人体構成図
桑原啓善 作成

「明治の知的エリート浅野和三郎は、海軍大学教授から新興宗教大本教のイデオローグに転じ、さらに心霊研究に精魂を傾けた。しかし彼の知性は、思いがけない罠にはまった。浅野和三郎の思考の悲しき痕跡」

浅野の生涯は松本の言うように「近代知性の悲劇」を示すものであったのか。浅野の知性とは「西洋＝近代を理想化し模倣し」（松本）たものに過ぎなかったから、本当はすぐれた知性ではなく、むしろ愚かであったのか。そもそも知的エリート浅野が心霊研究に精魂傾けた真の目的（動機）とは何であったのか。

浅野和三郎は大正五年まで新進英文学者として功なり名を遂げつつあった。ラフカディオ・ハーンの弟子でありシェークスピアの翻訳を日本で最初に手がけ、明治四〇年刊『英文学史』は現在も早稲田大学でマイクロ復刻されて保存されているという。戦前岩波文庫になった浅野訳の『スケッチ・ブック』は名訳の誉れ高かった。その浅野が地位を捨て、名声をかえりみず大正五年当時は地方の一宗教に過ぎなかった大本教へ入信し、本拠地綾部へ家族をつれて移り住んでしまう。浅野の入会で大本教は全国的な大宗教に急成長するが、大正一〇年の第一次大本事件で浅野は不敬罪で検挙され、その後大本を離れる。その後は先に触れたように心霊研究と神霊主義普及に心血を注ぐ。この浅野の生涯を貫くものとはいったい何であったのか。『神の罠』表紙帯にそれは書いてある。「明治の新進英文学者が、何故心霊研究《サイキカル・リサーチ》にのめりこんだのか」、宗教の専売特許であった霊を合理的知で探究する「心霊研究」こそ浅野を深くつき動かしたものである。始めは三男の病気がきっかけで心霊に関心をもったのだが、大本教へとびこんでいったのは、一つは出口ナオの人格に感動したからであった。しかしそれだけでなくやはり大本でやっていた「鎮魂帰神」こそ、当時の日本で実験的にできる心霊研究であったから、だからこそ大本へ行ったのだ。しかし、それ程に心霊研究に職を捨てのめりこむのはそこにもう一つ深い心の動機があったからであろう。それは「奈落の底に向かって沈みつつある世界の人類を救済すべく微力の限りを尽くさん」（注8）これが浅野の心霊研究の動機であったと、桑原は言う。浅野の人類救済の思いがやはりネオ・スピリチュアリズムに至る道をつくったのである。心霊研究からスピリチュアリズム、そして神霊主義、ネオ・スピリチュアリズムへ、ひとすじに貫くものはこの自分を投げ出して世界のために献身する「自己犠牲の愛」である。「近代科学の実証と求道者たちの実験とわれらの直観の一致に於て論じたい／われらは世界のまことの幸福を索ねよう求道すでに道である」（注9）。ネオ・スピリチュアリズムと深く関わる宮沢賢治のこの言葉はなぜか、浅野とは直接何ら関わりがないにもかかわらず浅野和三郎の心とも深く共鳴しているように思う。世間的には愚か者にみえる生き方、世界のために一身を投げ出す自己犠牲の愛「求道者たちの実験」がすぐれた知性浅野和三郎の生き方であったのだ。「明治の新進英文学者が、何故心霊研究《サイキカル・リサーチ》にのめりこんだのか」、それは、「奈落の底に向かって沈みつつある世界の人類を救済す」るためだった。ネオ・スピリチュアリズムへの道は、すなわち愚か者にみえるデクノボーの道なのである。

守護霊研究の大きな意義
ネオ・スピリチュアリズム「人は神」の根拠

招霊実験（鎮魂帰神）による守護霊研究は世界的業績

浅野の世界的業績として挙げられるのは、守護霊研究である。浅野の研究が世界的業績といわれる点は、鎮魂帰神によって一万人以上の守護霊研究の体験と資料を得ていることである。鎮魂帰神というのは、日本古来の神とつながる（惟神《かんながら》）ことを本来目的とした瞑想法である。しかし現実には憑依霊を表に出す神がかり（憑依現象）法としておこなわれている。大本教ではこれを実践しており、浅野はその憑依現象の指導をする（霊と問答し浄霊もしくは除霊に導く）「審神者《さにわ》」として顕著な能力者であった。それは初めから出口王仁三郎の認めるところであった（注10）。

守護霊研究に於て欧米の文献研究はもとより、この貴重な招霊実験による浅野の研究は世界に類をみないものである。津城寛文は、『霊訓』はじめ欧米の霊界通信では、守護霊の存在はしばしば強調されるが、しかしスピリチュアリズムの研究書で「守護霊を主題化したものは、管見のかぎりみられない。（……）守護霊の存在と役割が綱領に謳われたことは、ないようである」（注11）としている。文字通り浅野の研究はスピリチュアリズム史上類のない貴重な研究であったのである。ちなみに前記した浅野の心霊研究の結果を集約した一五項目の中七、八項目は守護霊を謳ったものである。この貴重な実験研究の多くは大本時代のものであり、そういう意味でこの五年間の大本教時代は浅野の心霊研究の使命を果たすには、なくてはならぬ軌跡であったといえよう。

浅野の「創造的再生説」

浅野の守護霊説を簡単に説明すると、全ての人には必ず一人ずつ同性の守護霊がつき生涯変更することはない。普通は二〇〇年〜八〇〇年前に他界した霊が多い。守護霊と本人との関係は、霊的親子関係のようなもので、これは浅野の創造的再生説に基づく。すなわち『ジュリアの音信』(W・T・ステッド)と同じ部分的再生説である。魂は次々分霊を出し、その魂の本家筋が守護霊で本人は分家になる。これはシルバー・バーチやマイヤースの類魂説とも通じ、浅野は類魂の祖が竜神(高級自然霊、天使)であり、これを守護神と呼んでいる。シルバー・バーチやホワイト・イーグルは、人には人霊(守護霊)と守護神(高級自然霊)が各一人ずつ生涯必ずつき守るとしているが、浅野の説と通ずるものである(注12)。

守護霊研究と自然霊研究が土台となる

この浅野の守護霊研究が、なぜ非常に重要なのか。高級霊界通信ではしばしば語られながら、本格的に研究されていない守護霊が何故。それはこの「守護霊」がネオ・スピリチュアリズムの原理「人は神」の極めて重要な根拠となるからである。西欧のスピリチュアリズムとネオ・スピリチュアリズムとの違いをただひと言で言うならば、それは「人は霊」と「人は神」の違いである（注13）。「人は神」とは、人の霊は単なる霊ではなく（神の分身、火花）であるということで、神と同じ力が人間にはあるという事になる。なぜ肉体だけ見れば有限な人間に神の無限の力があるのかというと、ネオ・スピリチュアリズムでは、人が神につながる時、人は他者を救い地球を天国にも変える神の力が発揮できると説く。すなわち人は直接、宇宙神につながることは不可能だが人間が神にもつながることのできる仕掛け（チャンネル）が人間の中に作られており、それが「守護の神界組織」であると言う。人を生涯守護する守護霊は最も霊縁が深い強力な通路（チャンネル）となり、守護霊には又その守護霊があり、その連鎖は守護神（祖系の自然霊である神々）に達し、さらに守護神の上にも同様の霊縁の連鎖がありそれは神にまで達する。だから人が守護霊につながれば至高の神につながる、だから人は神力を受けとることができ、この意味で人は神である。但し人には自由意志があるから人が守護霊につながらずに、悪心をもって低級霊につながり邪霊連鎖でサタンにつながり地球を滅ぼすことも可能である。このように人間は善悪どちらの想念も発することができるから、神ともサタンともつながる存在なのである(注14)。

以上のようにネオ・スピリチュアリズムの「人は神」に一つの根拠を与えるのが「守護の神界組織」であり、これの基礎となるのが浅野の守護霊研究なのである。また浅野の自然霊研究も、人間の祖である竜神（自然霊）が守護霊連鎖の環であることを裏付けるやはり守護霊研究と一体となった重要な研究である。（しかも自然霊の研究はスピリチュアリズムでも殆ど未開拓分野であるから、日本に於ける浅野の自然霊研究はやはり世界的な業績といえる）。

「守護の神界組織」の存在は、次のようにステイントン・モーゼスの『続・霊訓』やシルバー・バーチの通信にも伝えられている。

「人霊と父なる神の霊とが、その間、遥か神にまで伸びた無数の中間的諸霊の媒介を通じて、交通できるのである。諸君が祈れば、その祈りを守護の諸霊が受け取り、その分別に従って、それに答えを与えている」（注15）

「あの霊達は一本の鎖の環の働きをしておられる。（……）高級霊達は私と更に彼等の上にある霊との間の環である。このようにして、この鎖は私の目路のかぎりを超えて、はるか霊的世界の深奥にまで伸びている」（注16）

浅野和三郎の日本古来の生命一元論によってとらえ直され一歩前進した「日本神霊主義」、それは実験に基づく守護霊研究（創造的再生説）と自然霊研究によって裏付けられたものであった。その土台があったればこそ桑原はシルバー・バーチの通信から「人は神」の根拠となる「守護の神界組織」をつかみ出すことが出来たといえる。浅野和三郎は生涯を捧げた自己の心霊研究を「基礎工事」に過ぎないといみじくも述べているが、浅野和三郎こそまことに日本の心霊研究の父であり、心霊研究から現代のネオ・スピリチュアリズムへ至る道を拓いた、偉大な近代知性、先駆者であったのである。

（注）

1　浅野和三郎の略年譜（桑原啓善作を引用抜粋）

「明治七年茨城県で生。旧制一高、東京帝大英文科卒。明治三三年海軍機関学校教授。明治期の第一級の英文学者として活動。大正四年、三男の原因不明の病気が祈祷師の予言、透視、祈祷で治癒したことから心霊問題に関心。大正五年海軍機関学校を退職。当時日本で霊魂の実践探求のメッカ大本教の綾部に移住。出口王仁三郎の右腕となり、たちまち大本教を隆盛に導き、他方一万人以上の鎮魂帰神指導をして後の心霊研究の貴重な体験と資料を得る。大正一〇年第一次大本事件で大本教を離脱。以後西欧の心霊科学の研究と扶植に全力を捧げる。大正一二年、「心霊科学研究会」を創立。昭和一一年没（六三歳）まで、霊媒による心霊実験研究、西欧心霊科学の翻訳紹介・著述・講演・人生指導など縦横の活動を続ける。」『神霊主義』カバー裏折り返し 二〇〇三年 でくのぼう出版

2 浅野が欧米の心霊研究を網羅的に詳説した代表的著書を紹介すると浅野和三郎『心霊講座』一九八五年［一九二八］潮文社

3 山波言太郎「人類意識の急速進化、その実践的考察」『サトルエネルギー学会誌』一二巻一号 五七頁 二〇〇七年

4 山波言太郎『デクノボー革命の軌跡3』五一頁 二〇〇五年 でくのぼう出版

5 浅野和三郎『神霊主義 心霊科学からスピリチュアリズムへ』二〇〇頁〜二三九頁 二〇〇三年［一九三四年］でくのぼう出版

6 松本健一『神の罠 浅野和三郎、近代知性の悲劇』二〇〇頁 一九八九年 新潮社

7 山波言太郎「人類の癒しに、リラ自然音楽を」『サトルエネルギー学会誌』第一〇巻二号 一九頁 二〇〇五年

8　桑原啓善『神の発見』二八頁　一九八七年　でくのぼう出版
　桑原のとらえたこの言葉は、浅野が大本教へ飛びこむ決断をした時の浅野の言葉をとらえたものである。（参照　浅野和三郎『出盧』）

9　宮沢賢治「農民芸術概論綱要」『宮沢賢治全集』一〇巻　一八頁　ちくま文庫

10　浅野和三郎「綾部生活の五年・第一部出盧」『大本霊験秘録』　九二頁　一九九一年［一九二一］　八幡書店

11　津城寛文『〈霊〉の探究』　七八頁　二〇〇五年　春秋社

12　参照　浅野和三郎『神霊主義』二一二頁～二一七頁
桑原啓善『デクノボー革命　ネオ・スピリチュアリズム講座』上巻　一四二頁～一四三頁、下巻　二八頁～二九頁　一九九二年　でくのぼう出版

13　「人は霊」と「人は神」の相違を桑原は、「スピリチュアリズム七大綱領」と「ネオ・スピリチュアリズム6か条」の比較から簡潔に説明している。『デクノボー革命』上巻　一六五頁～一七〇頁

14　守護の神界組織について参照　『神の発見』二八四頁～三〇六頁

桑原啓善『人は神』一六三頁〜一七九頁　一九八八年　でくのぼう出版、『デクノボー革命』下巻　五九頁〜六二頁

15　ステイントン・モーゼス／桑原啓善訳『続・霊訓』五一頁　一九八八年［一八八三］土屋書店

16　モーリス・バーバネル／桑原啓善訳『シルバー・バーチ霊言集』九八頁　一九八四年［一九三八］潮文社

参考文献

・津城寛文『鎮魂行法論　近代神道世界の霊魂論と身体論』一九九〇年　春秋社

・山蔭基央『日本神道の秘儀』一九八四年　マネジメント社

第四章　「日本神霊主義」の進展　脇　長生

脇長生「波長の法」の功績

西欧の近代心霊研究とスピリチュアリズムは、浅野和三郎により日本に移植され「日本神霊主義」となった。これは浅野が発見した「日本の古神道とスピリチュアリズムとの一致」により西欧のスピリチュアリズムから、大きく一歩踏み出すこととなった。そしてこの日本神霊主義は最後の結実、ネオ・スピリチュアリズムへ展開すべく、浅野の後継者、脇長生(注1)により、さらに前進する。

脇長生は、浅野和三郎の事実上の後継者であり、桑原啓善の直接の師である。桑原は脇長生について次のように記している。

「一九三七年（浅野の死）により、脇長生が『心霊科学研究会』を事実上継承。一九七八年その他界までの間に、『日本神霊主義』を更に一歩前進させた。脇は各種の邪霊の存在と働きを研究し、人は現実的には守護霊と切り離され、邪霊の働きで多くの不幸と病気が招来されている事実をつきとめた。人は自己責任で幽体を浄化すること（生活の浄化実践）と、瞑想（日本の鎮魂帰神法）で人が守護霊と結ばれ、神につながり、幸福と平和への道があ

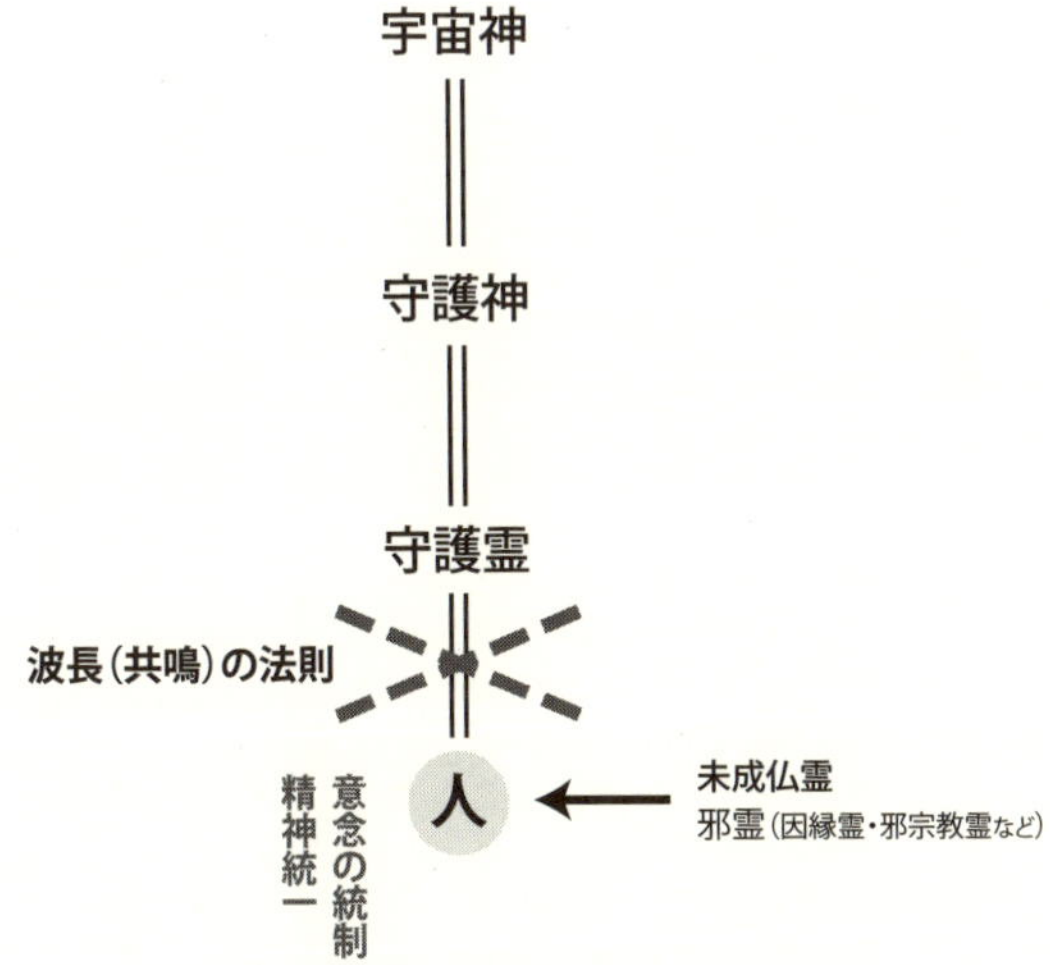

図３　日本神霊主義の前進（脇 長生）（注３）

桑原啓善 作成

ることを実践指導した」（注2）

脇長生は月刊誌『心霊と人生』を発行しつづけたが、現在は殆どその著書は残されていない。それは脇が、浅野和三郎の著書を総て再刊するまでは自分の著書は出さないと誓ったためだと桑原は伝えている。現在、脇の成した仕事を最もよく示すものは、脇の講話の要旨を桑原が筆録編纂した『スピリチュアルな生き方原典　日本神霊主義聴聞録』であろう。この本の表紙を飾る脇長生の写真は、高潔な人格と隠者の風貌を伝える貴重なものである。この一書を読むと、脇がいかに詳細に具体的な霊の働きを研究、究明していたか、よく判る。驚くべき豊富な実例と解説、指導、この一書を読むだけで、脇長生の成した仕事の意義がいかに大きいものであるか感じられる。世界でも類のないものではないだろうか。そしてネオ・スピリチュアリズムは、脇長生の日本神霊主義から一度離れ、飛躍したところから始まったにもかかわらず、ネオ・スピリチュアリズムには脇の究明したものが血肉となり生きており、正しく受容継承されている。ネオ・スピリチュアリズムから花開いたリラ自然音楽セラピーに於ても、脇長生の仕事は生きづいている。そのようにさらに未来に向かって進化するための基本となる「波長の法と霊の働き、幽体浄化」の究明を、脇長生は我々に残してくれているのである。

脇がなぜそのような他の誰もなし得なかった仕事を成し得たのかというと、これは脇が三つの能力を併せ持ちいずれにおいても優れていたためである。その三つとは鎮魂帰神の審神者《さにわ》、霊視能力などの霊能力、心霊研究家、この三つである（注3と同じ）。しかし優れた仕事を成すには、スピリチュアリズムの原理からいえば優れた能力だけではだめだ。その大本に守護霊・指導霊と感応できる高い人格が絶対必要である。その点に於ても脇を「根っからの慈愛の人」と桑原が伝えているように、脇の人格の高潔さがあったればこそ、この人と霊を正しく善導するという厳しい仕事を通して、浅野の開いた日本神霊主義を前進させたのである。

霊の働きを詳細に解明した意義

人間の性格や健康、災難等様々な運命が霊の働きでつくられる事実を脇長生はどのようにとらえ、解説し、指導しているか、実例を一つあげてみよう。

霊の働きの実例『スピリチュアルな生き方原典』

「〈性格は背後霊の影響でつくられる〉

甲氏を霊視してみると、人間の霊魂が二つ（亡父と因縁霊）、動物霊が一つ働いている。甲氏の性格とは、これらの総計がつくり出したものである。／因縁霊とは、主として異性関係、不動産や金の貸借など、その他種々の恨みが原因となるものが多い。／さて甲の因縁霊は甲家を没落させようと思っているが、中々自分一人では思うようにいかない。しかしその悪念はたちまち幽界中に伝わり、これに応じて、何か人間に恨みをもつ動物霊が、よしきたとばかり応援に現れる。これで不足なら、いくらでも動物霊は呼ぶことができる。甲に働く動物霊とはこのようなものである。／また甲には亡父の霊が働いている。以前は甲は酒も飲まず人柄も良かったが、父が死んでから、急に怒りっぽく酒飲みになった。それは亡父の性癖がうつったのである。もちろん亡父は、子供に悪癖をうつす気持ちは毛頭ないが、死後まだ行くところへ行かず、子供に執着をもっているので、自然にその感応で性癖がうつったのである。／以上、亡父、動物霊、因縁霊のすべての働きが、甲の人柄を変え、次第に甲自身の性格となってしまうのである。

〔背後霊を整理すると性格が変わる〕

いま甲が精神統一により、これら背後霊が整理されると、因縁霊は働きたくても働けなくなる。それは働く手がかりとなる甲の性癖が消えていくからである。／更に、甲が神霊主義を学んで、心を鍛錬し上の方へと反省していくと、今まで幽体までしか働いていなかった甲の自我霊は、霊体まで働くようになる。すなわち霊界の波長をもつようになり守護霊と結ぶ。ここに甲の性格は一変し、人格は高潔となる。人の性格とは背後霊の総和である。しかし、性格は本人の心がけで、どのようにでも変えられるものである。」（注4）

ここには驚くほど多種多様な霊魂の人間への働き方、マインドコントロールの実状が語られている。死後も人間は個性をもち生き続けるとたとえ知識で知ってはいても、今現実に四六時中死んだ霊魂や霊的存在と人（自分）とが一体となって生き、人（自分）の性格健康、運命まで霊魂の影響で織りなされ左右されていることは、なかなか判るものではない。特に西欧では強固な自我意識が心性としてあるのでスピリチュアリズムは低級と見なされがちである。それは霊（他者）に自己をあけわたす没我的霊媒が否定的に見なされるのと同じ所からでている。すなわち自己（私）とは自然（他者）よりすぐれた存在、という人間中心主義的デカルト的自我がどうしても根底にあるからである。自我意識はあくまでも独立した他から犯されがたい確固たる私である。だからオカルティズムがスピリチュアリズムを低く見なすのは、スピリチュアリズムが霊に対し受動的であるのに対し、オカルティズムでは霊に対し人間の方が能動的、優位性を保っているからで、そこにはデカルト的自我の優位性があるからなのだろう。しかし、多神教の国、アニミズム的風土の日本に近代心霊研究が植え付けられた時、脇長生の実際的な霊魂研究が誕生し、その結果、人間とは独立した存在ではないことが明らかになる。すなわち人間はみえない体媒体（幽体）で他者と常に交流しあっている複合的な自己なのである。但し自己の発する波長（波長の法）に従って。それが実はスピリチュアリズムのとらえた人間の構成、霊《スピリット》、媒体（本体、霊体、幽体）、肉体の三重構造体であることの示す重要な意味であったのである。

波長の法は人生指導原理の基本

心のもち方一つで現実生活の幸不幸が決まると教える脇長生の波長の法は、物より心（精神）を大切にする生き方に人を導く最も重要な「法則」といえよう。いわば人間を物質主義価値観から切り離す決定打ともいうべきものである。

西欧のスピリチュアリズムには「スピリチュアリズム七大綱領」（一八九〇年）があり、これが西欧スピリチュアリズムの示す人生指導原理である。

◆スピリチュアリズム七大綱領（注5）

1、神は万有の祖である
2、人類は皆同胞である
3、霊との交通及び天使の守護がある
4、人間の個性は死後も存続する
5、自己責任の法則が存在する
6、地上すべての善悪の行為に対し死後に償いと応報がある（因果律の存在）

7、あらゆる霊魂は進歩向上する

この中の一項「3、霊魂との交通及び天使の守護」は、人と霊との交通は霊媒を通じてのものだけではなく、日常万人が霊魂から想念波動を受けていること、そして守護神（霊）に各人守られることを示すが、この項目を徹底的に明らかにしたのがこの脇の実践的な仕事であった。七大綱領のこの一項目は他の六項を霊界から伝えたロバート・オーエンの通信には元々はなく、後から加えられたというが、この一項に真に血が通う時、他の項目が明確になる。

「2、人類は同胞」――人と霊は常に交流している、霊は人間の潜在意識（幽体）に働きかけるから、人が自分の思想、感情と信じ疑わないものに、実は霊のささやき（思想感情）が入り混じっている。このように人は常に他者と、波動でつながった存在なのである。

「5、自己責任の法則が存在する」――人と他者（霊）は波長の法則に従い交流する。

だから自分が邪霊につながるか、あるいは守護霊につながるかは、自分の出す心（想念波動）による。だから、邪霊につながり不幸のコースに行くのも、守護霊につながり幸福のコースに行くのも、百パーセント自己責任である。

「7、あらゆる霊魂は進歩向上する」――守護霊につながり幸福のコースに行くには、自己の人格の在所、幽体を浄化すればよい。守護霊につながればそれが惟神《かんながら》の道であるから、永遠の霊性進化のコースである。

このように人が波長の法を知る時、自分の幸不幸は誰のせいでもない自己責任であることが判り、ここに初めて進歩向上の意志が芽生える。だから宇宙には波長の法がある、ゆえに人生は自己責任であるという人生指導原理は、きわめて重要なものなのである。

幽体浄化

守護霊とつながることが日本神霊主義の教える人生の秘訣である。守護霊とつながるには、幽体を浄化することである。悪感情をもたないきれいな幽体にして霊体が働くようになれば守護霊とつながることができる。脇長生は、幽体浄化の方法として、「意念の統制」と「精神統一」の二つを実践指導した。意念の統制とは、悪感情をもたないよう反省をする生活姿勢であり、平生から邪霊低級霊と波長が合う粗雑な波動(悪感情)を出さないよう、自己管理せよということである。精神統一とは鎮魂帰神法であり、脇長生の指導によりこれをおこなっていた。脇は、浅野和三郎から引き継ぎ浅野同様多数の鎮魂帰神の指導をした体験と優れた霊視能力から、人は応々にして守護霊から切り離されており、動物霊や人霊の低級霊、邪霊が感応している事を発見しており、この感応している状況は袋に入れられた(マインドコントロールされた)

状態で、意念の統制（反省）せよと言っても自力では難しい。ゆえに精神統一によって感応している低級霊邪霊を除霊（説得が通じない動物霊以外の人霊は説得し浄霊する）して、意念の統制が出来るようにしたのである。悪感情をもてば瞬時に邪霊とつながりそのコントロールに陥る人間の実態を知り抜いていた脇は、意念の統制と精神統一を厳しく指導し、実践させた。

しかし、脇の厳しい指導実践にかかわらず、あるところまでは幽体浄化が進むが、守護霊と常時つながる程の霊性進化はおこらず、停滞する。幽体浄化こそ幸福のもとであることを心霊研究とスピリチュアリズムの原理からつきとめた脇長生の指導は非常にすぐれていたのだが、それでも限界があったということになる。これは当時の状況からいえば当然の事であったのかもしれないが、結果的に脇の実践は、ネオ・スピリチュアリズムに進化する手前のプロセス、飛躍のための踏み板の役割りを果たすことになったのかもしれない。この問題については、後述する。

日本神霊主義の病気観

脇独特の血液と霊の感応

脇長生は「人間は本来病気しないもの、しても治るもの」という基本に立ち、多数の病人の心身、生活の改善指導をした。近代心霊研究とスピリチュアリズムの結論「人は霊」に立脚した脇の指導は、現在の医療（西洋医学、代替療法）の病気観、人間観とはかなり異なる点がある。脇は病気とは心身の違和であり、その真因は幽体にある。幽体が濁ると血液が濁り、すなわち酸性化する。酸性化した血液には邪霊が働き易いので、それによって病気になる。だから血液を浄化しアルカリ化すれば守護霊（善霊）が働き易くなり善霊が、本人の自然治癒力を活動させせつつ病気を治す。だから血液を濁らせる悪感情を持たぬよう意念の統制をすることと、血液を浄化（アルカリ化）する食物（菜食、青汁）をすすめた（肉食は血液を濁らせ酸性化する）。

この脇の霊魂研究に立脚した独特の見解は、実は今日の医学的見解にも通じるものがあるようである。最近私が身近に見聞した事であるが、過労などストレスが血液を酸性化して病的症状がひき起こされることがあると、一般的な医療機関で現在は説明することがあるというのである。その治療法としては血液のアルカリ化（重曹の注射等）をすることもあるという。これは、脇独特の発見である酸性化した血液は邪霊が感応して病気になるという見解と通じるものがあるといえよう。また今日では、ストレスが万病のもと、心が身体に影響を及ぼすということは、医学的にも言われるようになっていることである。

またネオ・スピリチュアリズムから生まれたリラ自然音楽セラピーでは、脇の見解を裏付けるセラピー現象が最もよく起こっている。いわばリラ自然音楽セラピーの最も基本的な浄化現象の一つ「寒気」現象がそれである。リラ自然音楽セラピーを始めると、まずはじめによく起こるのが「寒気」現象である。これをリラ自然音楽療法の創始者・山波言太郎（桑原啓善）は血の浄化のために行われると解説している。血の濁りの毒素はエーテル体（肉体と幽体をつなぐ半物質的なもの）に溜まり、これが病因となる。このエーテル体の毒素は幽体に影を落とし、この影に邪霊が感応する。だから血が濁っていることは非常に危険なこと。そこでセラピーではふつうまず一番はじめに血液を浄化する寒気現象が起こってくる。これは「一種のマイナス波動で、血液のマイナスを掻き取っている、いわば『寒気』は影を掻き出す熊手のような作用をするもの」（注6）と山波言太郎は解説している。この現象の解釈は明らかに脇長生の説に立脚している。逆にセラピー現象が脇の説を裏付けたと言えるのである。

脇の病気観は「人は神」に半歩近づいた

脇の病気観で、特筆すべきものは、やはり日本神霊主義の基本原理である生命一元論に立つところにある。これは欧米の二元論から脱却しているところからいえば、欧米のスピリチュアリズムの「人は霊」から前進して、ネオ・スピリチュアリズムの「人は神」に半歩近づいていると、比喩的に言えるだろう。

脇は「病気を治そうとするな。どこまでも自分の心を治そうとせよ」(注7)と、幽体浄化を基本に、意念の統制と補助的手段として菜食を指導した。そして病気は善霊の働きにより自然治癒力が発動して治る(霊癒)とした。霊癒といっても神仏の力ではなくあくまでも自然治癒力(自己の内部〈霊〉の力)によって治るのである。現在の一般の医療は、西洋医学のみならず、さまざまな代替療法やヒーリング、また波動医学がおこなわれているが、それ等は相対的に病気を「外から治す」ものであると言えるのではないだろうか。薬などの物質、あるいは気(エネルギー、波動)をもちいて(手段として)心身を治す(目的)わけである。脇の場合は、心身違和(病気)の原因は幽体の濁りにあるのだから病気は幽体を浄化すれば消えるとした。すなわち幽体浄化を目的に、霊癒による自然治癒力発動を病気を治す手段としている。

「人は神」（桑原のネオ・スピリチュアリズム）の病気観

脇の「人は霊」だから病気は自ら治るものとする病気観は、ネオ・スピリチュアリズムになると、一段の飛躍、「人は霊」から「人は神」によって、大きく進展する。波動医学を拓いた名著『バイブレーショナル・メディスン』（注8）について、山波言太郎は次のような感想を述べている。「これは西洋的いき方として大変すぐれている。しかし様々な代替療法をとりあげ帰納的に論じてはいるが、永遠不滅不死なる霊が人間である「人は霊（神）」がとらえ切れていないから、結局病気を外から治す視点に立っている。」このようなネオ・スピリチュアリズムからの発言は、科学的手法による心霊研究に立脚した「霊」を根源からとらえ学問体系化していったところから発せられているからこそ、傾聴すべきものなのである。霊性《スピリチュアル》という言葉は、今や哲学だけではなく医学でも使われるが、近代心霊研究の霊魂仮説に立脚しないところで使用される場合には、どこまでも不明瞭さ、流動性がつきまとう。前掲書のリチャード・

ガーバーもオカルティズム、神智学を一応一つの立脚点としている（注9）ようであるが、近代心霊研究に立脚しているわけではない。近代心霊研究に立脚したネオ・スピリチュアリズムは日本古来の生命一元論に立ち、スピリチュアリズムのさいごの啓示といわれるシルバー・バーチ、ホワイト・イーグルの「人は神（の子）」をその上に重ねて成立した、新時代の人間観である。「人は霊」が「人は神の子」まで深くつきとめられている。ゆえに山波の病気観は次のようなものになっている。これが脇の日本神霊主義から進展した、ネオ・スピリチュアリズムの病気観であるといえよう。

「病気は魂の進化（人格・精神の向上進化）のためにある。魂を癒せば病気は消える。だが更なる魂の進化のために病気はまたあり得る。これが心身相関。そして病気は更に人類相関である。聖者さえも病むことがある、人類の病気を癒すために。だから人類全体の魂を癒せば、すべての病気が消える。これは心霊研究の帰結である「ネオ・スピリチュアリズム」の示すところ。これを裏付けるセラピー

が〈リラ自然音楽セラピー〉である。」（注10）

ネオ・スピリチュアリズムへの飛躍

ネオ・スピリチュアリズムを創始した桑原啓善は、実は三〇年間師事していた脇長生の下を昭和四六年に離れたのである。なぜ去ったのかその理由を桑原は「第一は、終生個人の自宅での精神統一の実修を認められなかった」こと、「第二の理由は、脇先生は現実生活での幸福や無病を直接の指導の目的としておられた」ことと記している（注11）。結局のところ、理由は唯一つであったといえるのではないか。桑原が心霊研究とスピリチュアリズムをやっていた目的は初めから「全地球人の平和と恒久の幸福」であった。そこが個人の現実生活の幸福を目的としていた脇長生の行き方とはっきり違っていたのである。桑原は、師の下を去る限り心霊研究を捨てるしかない。師に背き、師を批判することは出来ないから、むしろ自分の全生涯を捨てようと、心霊研究を完全に封印したと記している。しかし、なぜか「人生は捨てたところから別の芽が吹き出す」ことが起こり、すでに脇の他界後であるが、ネオ・スピリチュアリズムを唱導することになる。桑原は昭和六〇年（一九八五年）全地球人の平和と恒久の幸福の実現を目的とした文化活動の実践団体「生命の樹」を創立し、ネオ・スピリチュアリズムの原理の普及とその実践をしていくことになる。この経緯は次章で述べる。ここでは、脇長生のすぐれた霊性進化（幽体浄化）の指導にもかかわらず、なぜ脇の指導には限界があったのかという問題に触れておきたい。

結論から言えば、脇と桑原の人間の生き方の指導のちがいは自己の霊性進化を目的とする（脇長生）か、他者への愛と奉仕を目的とする（桑原啓善）かのちがいである。霊性進化（人格の向上）といっても自分を先に立てる自己目的である限り、進歩は頭打ちである。なぜならば、自分のためにすることはエゴ（我）であるから、幽体（悪感情）が働く要素が残る。またこれは神性の否定となる。ネオ・スピリチュアリズムの根幹にあるシルバー・バーチの教え、「人は神、ゆえに愛と奉仕が平和と幸福の原理」をもってくる時、バーチが言うように、人は自己犠牲の愛と奉仕をした分量だけ正確に霊性進化（幽体浄化）する。（それ以外に霊性進化する方法はない）。これはネオ・スピリチュアリズムの媒体論からも説明されている。また、自己の幸福、個人の幸福を目的とした場合、やはりそこには限界がある。人類万物すべて命は一つ、すべて一つにつながった命、だから自分も人も同じ神の子であるのが真実ならば、自分を先に立てる自他の差別は、神の子の否定、真理の否定である。そうではなく、自分を捨てた決死の愛で生きる時、守護の神界組織が発動して、神に通じ、神の莫大な力が人間に発現される。地球全体の幸福を目的とした決死の愛ならば、地球進化を司る神界組織が働くことになる。このシルバー・バーチの「人は神の子、愛と奉仕が幸福の宇宙法則」をネオ・スピリチュアリズムの根幹にすえた時、日本神霊主義を土台にすえながらもネオ・スピリチュアリズムはここに大きな飛躍進展が起こったのである。

（注）

1　脇《わき》長生《ちょうせい》の略歴（桑原啓善作）

「脇長生は兵庫県飾磨（現在の姫路市）生まれ。少年期は岡山県和気で過ごし、山中で仙人に会い、数々の奇跡体験をする。二二歳の時肺結核になるが、単身で無人の家島に渡る。途中舟より医薬を捨て数か月間修業。その間に見神の体験をして病気は消える。京都府立医大研究室で医学を修し、Y製薬会社の顧問を務める。他方、浅野和三郎の「心霊科学研究会」で審神者となり和三郎を補佐、心霊の科学的研究に努める。浅野の没後（昭和一二年）より、事実上心霊科学研究会を引き継ぎ、昭和五三年七月一日没（八八歳）まで、月刊「心霊と人生」誌を発行し続け、日本に正統な心霊研究の灯を守り通した。」『スピリチュアルな生き方原典』カバー折返しより　二〇〇三年［一九六九］でくのぼう出版

2　山波言太郎「人類意識の急速進化、その実践的考察」『サトルエネルギー学会誌』

一二巻一号　五七頁　二〇〇七年

3　山波言太郎「天《あめ》の下晴れたり　ネオ・スピリチュアリズムから、リラ自然音楽が誕生（その二）」『リラ自然音楽』三月号　一六頁　二〇〇八年

4　『スピリチュアルな生き方原典』　二三頁〜二五頁

5　桑原啓善『デクノボー革命』上巻　一五四頁　一九九二年　でくのぼう出版

6　山波言太郎『天使への道』　六五頁　二〇〇二年　でくのぼう出版

7　『スピリチュアルな生き方原典』　一九二頁

8　リチャード・ガーバー／上野圭一監訳『バイブレーショナル・メディスン』　二〇〇〇年　日本教文社

9　渡部俊彦「健康づくりとスピリチュアリティ　健康づくりにおけるスピリチュアルな身体観の有用性」放送大学大学院　文化科学研究科　修士論文　四二頁　二〇〇七年

10　山波言太郎「〈後記〉霊・魂・体の関りについて」『ＬＹＲＡ通信』二八号　六一頁　二〇〇八年

11

「天《あめ》の下晴れたり　ネオ・スピリチュアリズムから、リラ自然音楽が誕生（その二）」

一九頁

第五章　ネオ・スピリチュアリズムの成立　桑原啓善

桑原啓善のネオ・スピリチュアリズムは、一六〇年前アメリカに発生した近代心霊研究の、そのさいごの結実である。近代心霊研究の霊魂説に立脚し、スピリチュアリズムの霊界通信の最高峰シルバー・バーチ、ホワイト・イーグルの啓示の核心を根幹に据えたネオ・スピリチュアリズムは、西洋の科学・合理性と東洋（日本）の生命一元論が結びついて一つに結実した、人類再生のための生命原理である。ネオ・スピリチュアリズムの「決死の愛」＝デクノボーは、世界全体をそっくり救いとる、いわば究極の一元論である。デクノボーの決死の愛が全人類の善性化（利己から利他への価値観の転換）を実現して、愛と平和の新霊性文明を開く鍵であると桑原は説く。桑原の実践グループはリラ自然音楽運動によって、それを今、実践推進中である。

桑原のネオ・スピリチュアリズムは、日本に於ける正統なスピリチュアリズム浅野和三郎――脇長生の日本神霊主義を継承するものである。桑原は脇長生の許で昭和一七年から昭和四六年頃まで、心霊研究とスピリチュアリズムの研鑽を積んだ。しかし前章で述べたように、桑原は脇の許を去り師を批判する事はできないと心霊研究に封印をした。実はこの事が、ネオ・スピリチュアリズムが、日本神霊主義の生命一元論を正しく継承しながら、そこから大きな飛躍をしていき、人と地球の次元アップの原理と実践を生むステップとなったのである。

まず始めに、桑原の一九七一年（昭和四六年）から一九八五年（昭和六〇年）までの心霊研究に封印をしたこの時期の軌跡を簡単に辿ってみたい。この軌跡なくしてネオ・スピリチュアリズムは誕生しなかったのである。

シルバー・バーチの会設立までの軌跡

一九七三年（昭和四八年）　戦死者の声『同年の兵士達へ』

全人生を賭けた心霊研究に封印をした桑原は、それ以後学生時代からやっていた詩作を再開し、それに全力で打ち込むようになる。すると一九七三年二月、突然戦死者からの怨念の詩を、次々インスピレーションで受けとるようになる。桑原は学徒出陣で特攻基地に敗戦までいた強烈な戦争体験から、国のため同胞のために命を捧げた特攻兵士の思いを、誰よりもよく知っていた。だから戦死者からの声、その思いが手にとるようによく判った。それは「人を恨み国を恨むのでなく、戦争そのものを〝殺人の人類犯罪〟として呪うものだったのです。戦死した彼らの願いは唯一つ、戦争を地上から無くしてくれ、それが彼らの仇討《かたきう》ち、彼らの成仏の条件だったのです。」（注1）とある。戦後になると戦死は無駄死にだったといわれ、その虚しさから苦しみ迷っている戦死者を救うには、地球上からすべての戦争をなくさなければならないと桑原は決意していくことになる。一九七四年桑原は戦死者から受けとった詩を詩集『同年の兵士達へ』にまとめる。

一九八一年霊示、不戦非武装の平和運動を決断

一九八一年六月三〇日、詩作中の桑原に、突如霊示が入った。「平和な時に、戦争中と同じように決死にならなければ、決して平和は生まれない」と。その意味は、「明日特攻で飛び立つあの決死で、今平和運動しないと、決して平和は生まれない」と桑原は受け取った。そのことがあって桑原は遂に明確に恒久平和実現のために決死で生きる決断をするに至る。

桑原に霊示の下った一九八一年は、日本の十二支では辛酉《かのととり》であった。辛酉は変革の節目と言われる。六〇年前の辛酉は大正一〇年であり、この年、日本は世直しの嵐が吹いていた。ネオ・スピリチュアリズム成立の礎となる浅野和三郎が第一次大本教弾圧事件で検挙され大本教から離脱していくのも大正一〇年二月一二日。これによって浅野は心霊研究に向かうことになる。また大正一〇年は、宮沢賢治が家出上京した年である。賢治は大正一〇年一月二三日出京によって童話による仏国土づくりを決意

し、猛然と童話を書き始めるのである。そして大正一〇年一月一日に桑原は誕生している。大正一〇年全くバラバラな三つの点が、六〇年後の辛酉の桑原の決断によって、一つにネオ・スピリチュアリズム成立に向かってつながっていく。不思議なことであるが、これも神界計画ではなかったのか。シルバー・バーチの啓示にあるような「微細な点まで計画されたプランに従って、ある種の組織的な努力が、われわれ霊界の方から推進された」と考えられないだろうか。

一九八二〜八四年、決死の平和運動

桑原が平和運動をした三年間は、米ソ対立、核戦争の危機が最大に高まり、世界的に反核反戦の平和運動が最高潮に高まった時期であった。この時桑原は、反核反戦の旗の下、日本中の文学者が結集した反核運動とは全く別に、たった一人の平和運動を始める。それは核だけでなくすべての武器を捨て安保を廃止する「不戦非武装」を訴えるものであった。武器を捨て愛で国を守る、すなわち愛の政治・経済・文化・外交で。まず日本が命賭けでそれをやろう、そして平和な地球を創ろうと講演し、詩を朗読した。無名詩人がたった一人で全国をまわるのは、「平和な時に、戦時中と同じ決死になる」（霊示）ことの実践であった。三年間の平和運動で、一握りの共感者が残り、ここから「シルバー・バーチの会」が生まれ、人間の価値観の転換を目的とする思想運動に展開していく。（しかし地球上からすべての武器を捨てすべての戦争をやめようという戦死者のすくいから始まった桑原の思いは変わることなく、もう一つの平和実現の運動として「不戦の碑《モニュメント》」を靖国神社に建立しようと、桑原は現在も一人で行動している（注2）。）

　桑原は、十数年ぶりに心霊研究の封印を解くことになる。それは桑原のもとに愛で国を守り世界平和を実現しようというい き方に共感し集まった人々に、なぜ愛が至高の力なのかを説明するには、どうしても心霊研究に基づくところのシルバー・バーチの教えとその霊的真理を語らなければ説明できなかったからである。この時、既に脇長生師は他界していたからそれもできた。「決死が――捨てた筈の人生から芽を吹きました。私にとっては思わぬ第二の人生の扉を開きました。」（注1と同じ）ということになるのである。

一九八四年　革命家 宮沢賢治の発見

桑原は昭和五九年（一九八四年）、宮沢賢治の友人で賢治研究家、詩人直木賞作家の森荘已池を盛岡市に訪ねる。森荘已池は宮沢賢治を最もよく知る人の一人である。桑原は森に、賢治は霊の世界が見えていたのではないか、賢治は地球を仏国土（パラダイス）に変えようとした革命家ではなかったのか、この二つを尋ね確認しようとしたのである。たった一人で決死で地球をパラダイスにしようと決意し歩き始めた桑原に、宮沢賢治が自分と同じように愛で地球をパラダイスにしようとした先駆者であることがはっきり見えてきたのである。それと桑原にはスピリチュアリズムの知識があったので、賢治の作品には霊の世界と霊的法則が描かれているのが、明瞭に判っていたのである。どちらもこれまで誰も知らなかったことである。だからどうしてもこの二つを森荘已池に尋ねて確認したかったのである。そして森から、桑原は初めてその真実を明かされたのである。賢治に霊の世界が見えていたことは、それまで宮沢家のきついタブーで秘されていたのである。だから花巻辺りでも、やはりタブーとされていたのである。革命家賢治は、谷川徹三と横光利一は気付いたふしはあるが、追究することはしなかったという。いや本当には誰一人気付かなかったのではないだろうか。本気で地球を愛でパラダイスにしようと、愛に自分の命を賭けた者にしか、同じことをしている者にしか、その先駆者の姿は本当には見えないのではないだろうか。それ位、今の地球上では不可能にしか見えないことなのである。桑原は実践しているから見えた。それに何よりもシルバー・バーチの啓示から、それを知っていたのである。すなわち愛が最高のエネルギーであること、新時代は到来すること、人は神の分身だから人間がそれをやるべきことをバーチは教えていたのである。

一九八五年　ネオ・スピリチュアリズムの誕生

一九八四年、一人の平和運動から生まれた小グループで、桑原はシルバー・バーチを語り始めていた。それはバーチの教えの本質が「愛と奉仕が平和と幸福の原理」を伝えるものであったからである。その時桑原が語ったバーチの教えの解説が、ネオ《新》・スピリチュアリズムとなるのである（注3）。つまり、シルバー・バーチの啓示の本質を桑原は新しくとらえ直し、真のバーチの本質を発見したのである。それは単なる受容ではなく、内発的な「発見」である。そして先に触れたようにこのシルバー・バーチの教えと宮沢賢治が一致していることに、桑原は気付いたのである。バーチが教える人は神の分身だから内にある神（愛）を発揮すれば地上天国になるという教えを賢治は実践した革命家であったということ、この発見が桑原を明確に地球革命＝デクノボー革命へ進めたのである。決死の愛に生きる人がデクノボー（「雨ニモマケズ」に書かれた無私無償の愛と奉仕に生きる人）であること、デクノボーによって地球革命はおこなわれること、そしてデクノボーにまず自分がなって決死（命をかけるとは全生活を愛と奉仕に徹するということ）になる時、そこから道は拓かれること、桑原の決死の実践がバーチを発見してネオ・スピリチュアリズムを創出し、宮沢賢治を発見してデクノボーによる地球革命の道を創っていったのである。

一九八五年一〇月三〇日、桑原は「シルバー・バーチの会」（後に「生命の樹」と改める）を設立する。

ネオ・スピリチュアリズムとは何か

ネオ・スピリチュアリズム六か条

近代心霊研究の帰結であるネオ・スピリチュアリズムとはどのようなものであるか、それは、「ネオ・スピリチュアリズム六か条」に示されている。

1. 人は肉体の衣を着けた神です。（人は神）
2. 人は死後も生き続け、永遠に進歩向上します。（永遠の進化）
3. 人が生まれたのは、宇宙進化の神の助手となるためです。（人は神の助手）
4. 人の現在は、自分が過去にまいた種の寸分狂いのない結果です。（因果の法）
5. エゴの種を捨てて愛の種をまくだけで、
自分と世界の未来が変えられます。（愛の法）
6. 人は神になるまで輪廻転生を続けます。（再生の法）

ネオ・スピリチュアリズムは、「人は神（の子）」を根源とする生命原理である。六か条を組み合わせて簡潔に説明すると次のようになる。

「人は不滅の霊（神の子）であり（1）、
輪廻を繰り返すことで（6）、
次第に人生とは自己が織り出す自己の姿と悟り（4）、
次に自己中を捨て、愛の生活（言・行・想）の実践で人生はパラダイスに変わる
宇宙の法を悟り（5）、
遂には宇宙進化（パラダイス化）に励む神の助手に変貌する（3）。
こうして遂に人は神に帰る（2）。」（注4）

ネオ・スピリチュアリズムが西欧のスピリチュアリズムから進化した点

ネオ・スピリチュアリズムは近代心霊研究の最後の結実であると何故言えるのか。それはネオ・スピリチュアリズムから初めて世界変革が可能となるからである。西欧

のスピリチュアリズムからは世界変革は出てこない。西欧のスピリチュアリズムから日本神霊主義（浅野和三郎、脇 長生）を経て、ネオ・スピリチュアリズムとなり、そこではじめて文明転換の原理が示されるのである。同じ近代心霊研究を立脚点としながら、西欧のスピリチュアリズムとネオ・スピリチュアリズムとは、どこが相違しているのか、スピリチュアリズム七大綱領とネオ・スピリチュアリズム六か条を比較してみてみる（注5）。

「ネオ・スピリチュアリズム六か条」と「スピリチュアリズム七大綱領」との比較

a 「人は神」と「人は霊」のちがい

西欧人の根底には旧新約聖書があり、「七大綱領」にもその下敷があるから、人類は同胞と言ってもそれは人は神に創られた被造物という意味で、創造者と被造物とは

スピリチュアリズム七大綱領

1. 神は万有の祖である
2. 人類は皆同胞である
3. 霊との交通及び天使の守護がある
4. 人間の個性は死後も存続する
5. 自己責任の法則が存在する
6. 地上すべての善悪の行為に対し死後に償いと応報がある（因果律の存在）
7. あらゆる霊魂は進歩向上する

ネオ・スピリチュアリズム六か条

1. 人は肉体の衣を着けた神です
2. 人は死後も生き続け、永遠に進歩向上します
3. 人が生まれたのは、宇宙進化の神の助手となるためです
4. 人の現在は、自分が過去にまいた種の寸分狂いのない結果です
5. エゴの種を捨てて愛の種をまくだけで、自分と世界の未来が変えられます
6. 人は神になるまで輪廻転生を続けます

二元的存在、だから人は神ではない。ネオ・スピリチュアリズムはシルバー・バーチ（人は神の分身、神の子）、ホワイト・イーグル（人は神の息子・娘）と日本古来の生命一元論に立つ。浅野和三郎は日本神霊主義で〝創造主が神々（竜神）を産み、竜神が人を産んだ〟という研究発表をしている。これは日本古来の産霊（むすび）の精神原理と同じもの、すなわち生命一元論。すなわちバーチやイーグルの「人は神の子」と同じもの。これがネオ・スピリチュアリズムでいう人は神の子である。だから人は単なる霊ではなく人は神とする。すべての人は同じ神の子、そして宇宙万物すべての命は本源において一つにつながっている。この「人は神」と「人は霊」の違いが様々な面の違いとなる。

b 人生の目的の違い

ネオ・スピリチュアリズムは人は神の助手、すなわち人（人生）は世界のためにあるとしているが、スピリチュアリズムでは自己の進歩向上、すなわち自己の霊性進化が人生の目的である。人生の目的が世界のためか、自己のためか（魂のためとはいえ）では全く違う。

c　因果律の理解の差

ネオ・スピリチュアリズムの因果律は「寸分狂いのない」とあるが、スピリチュアリズムでは単に因果律があるとなっている。この理解の差は「人は神」と「人は霊」の差であり、これが世界変革の英知の有無ともなる。ネオ・スピリチュアリズムの因果律の解釈は重要なので後で述べる。

d　愛の法の有無

「愛は建設の原理」「自己中心は破壊の原理」をネオ・スピリチュアリズムは示しているが、これはカルマ解消の法である。これによって、自分も他者《ひと》も地球も宇宙も自己の愛によって幸福と平和に変化させることができる。世界変革はここから出てくる。スピリチュアリズム七大綱領にはこの愛の法が欠落している。

e　再生の法の有無

ネオ・スピリチュアリズムには再生の法が明示されているが、スピリチュアリズムは欠落している。輪廻転生によって、人は「人は神」を知る（悟る）。人が「人は神」を知って地球をパラダイスに変えていく仕事と、自分が神に戻ることは同時で一つのことである。

媒体論の意義

ネオ・スピリチュアリズムは宗教ではない。科学的な近代心霊研究に立脚して霊と媒体を認め、その上に構築されたあくまでも合理的な論理と法則性を備えた一つの学問体系である。その合理的手法の優れた特質を示すのが、ネオ・スピリチュアリズムの媒体論である。媒体論は、愛と奉仕が人間の生き方であることの合理的な説明と、人格の向上（霊性進化）の狂いのない方向と方法を示すものである。これは既成の宗教や道徳倫理に代わる現代の人間にふさわしいものであるだけでなく、心理学、教育学、医学に新局面を開くものと考えられる。
ごく簡潔にアウトラインを述べる。

a　人間は三重構造体（霊・媒体・肉体）である

人間とは霊（生命と意識の本源）と媒体（見えない体、霊に近い方から本体・霊体・幽体の三段階の波動体）と肉体の三重構造体であ

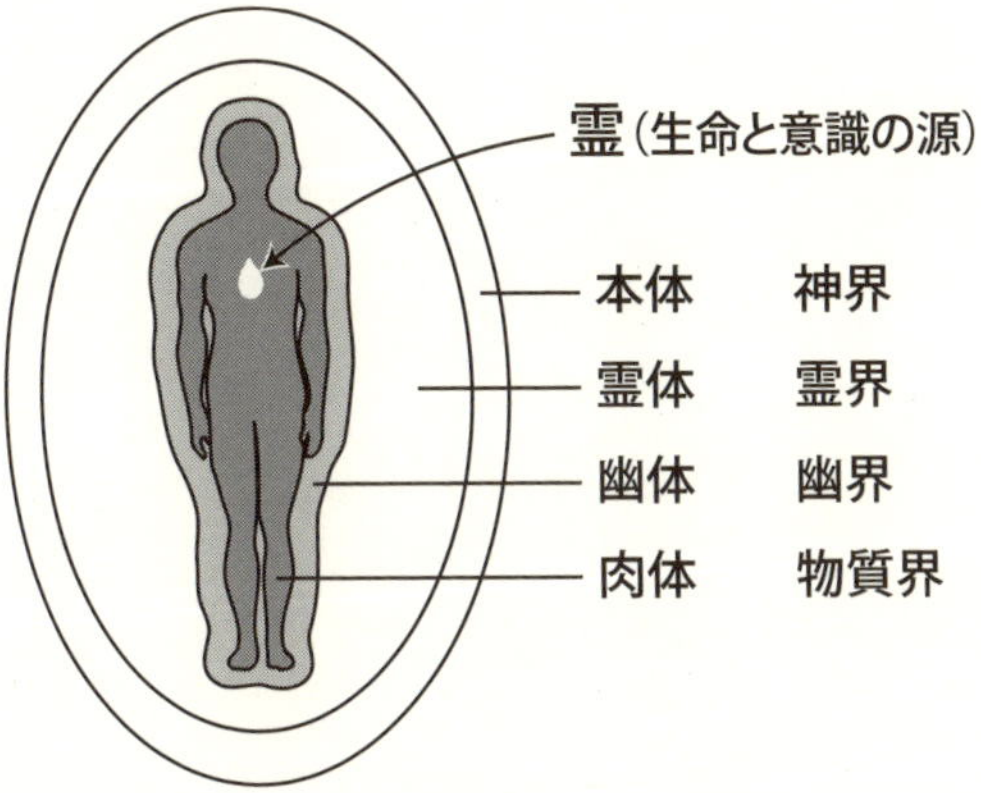

図4　人体構成図と他界の構成（注6）
桑原啓善 作成

る。媒体は霊を肉体に結びつける為に存在し、又それぞれの役割がある。本体は神のような愛と英知と意志、霊体は理性（真善美、正義、良心、反省心など）、幽体は感情（特に悪感情）をもつと働くところの媒体である。媒体があるから、自己と他者（霊）は波長の法で、絶えず波動で交流し、自己の人生を織りなすのである。

b　幽体はコンピュータ

幽体は、想念波動の受信・発信・増幅・記録・演算をする狂いのない、休みなく働くコンピュータである。人は神のはずなのに現実には凡夫であるのは、この幽体の働きのためである。人間が絶えず日常生活の言行想で発信する悪い想念がすべて記録されて、幽体を濁らせるからである。幽体が濁ると、本質の霊の光（神）が歪められ、人は凡夫（欠陥のある心身）となる。

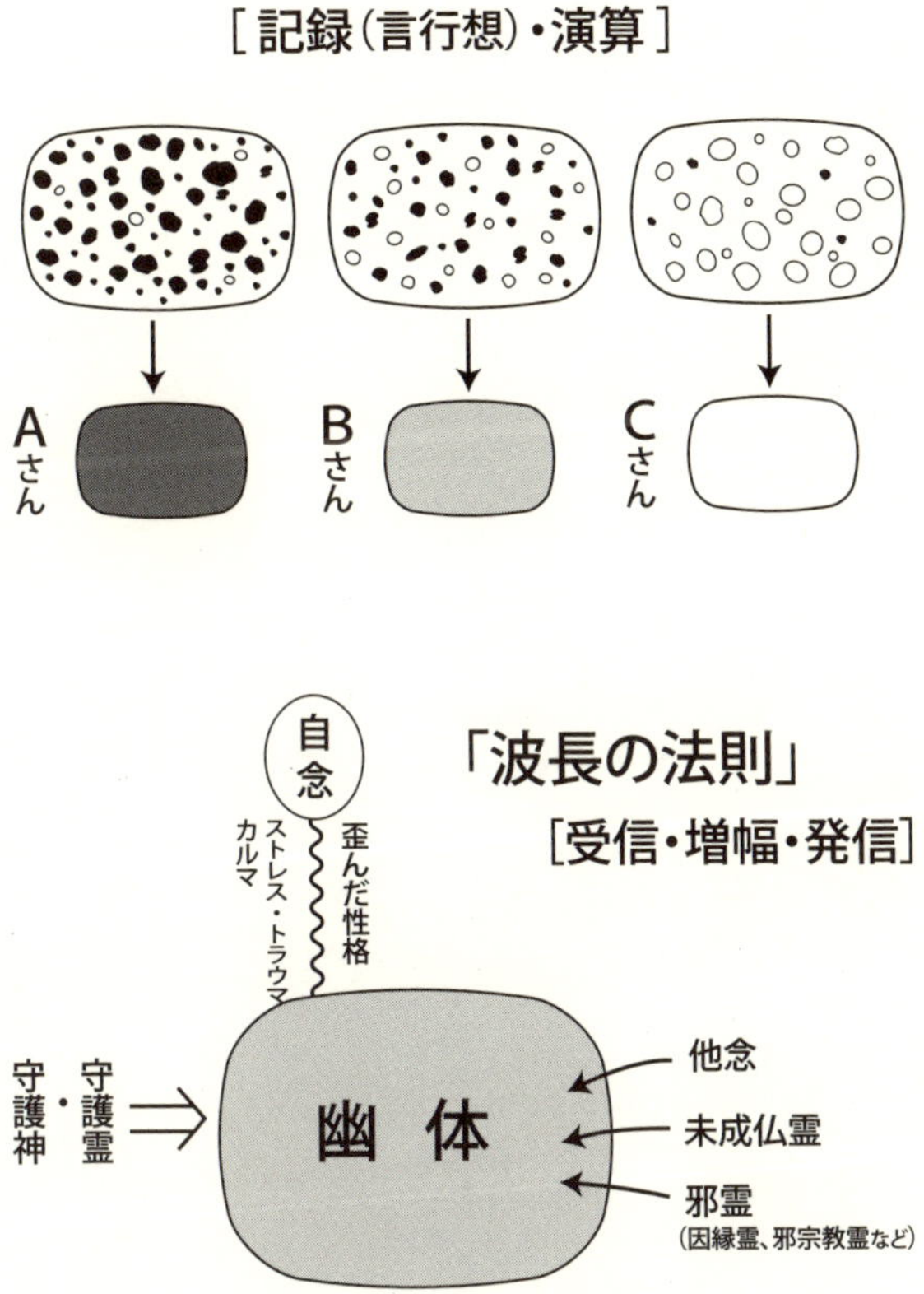

図5　幽体はコンピュータ（注7）

桑原啓善 作成

c　人間の人格（小我）の在所は幽体

幽体は人間の潜在意識の在所である。つまり本心であり人格の在所である。だから幽体のきれいな人＝聖者は日常生活の言行想の美しい人。つまり自己の日常生活の言行想が愛＝美しいか、いじ悪＝汚いかによって自分の人格は決まる。

d　幽体浄化が全人間的進化と地球パラダイス化の決め手

幽体が汚れているとエーテル体

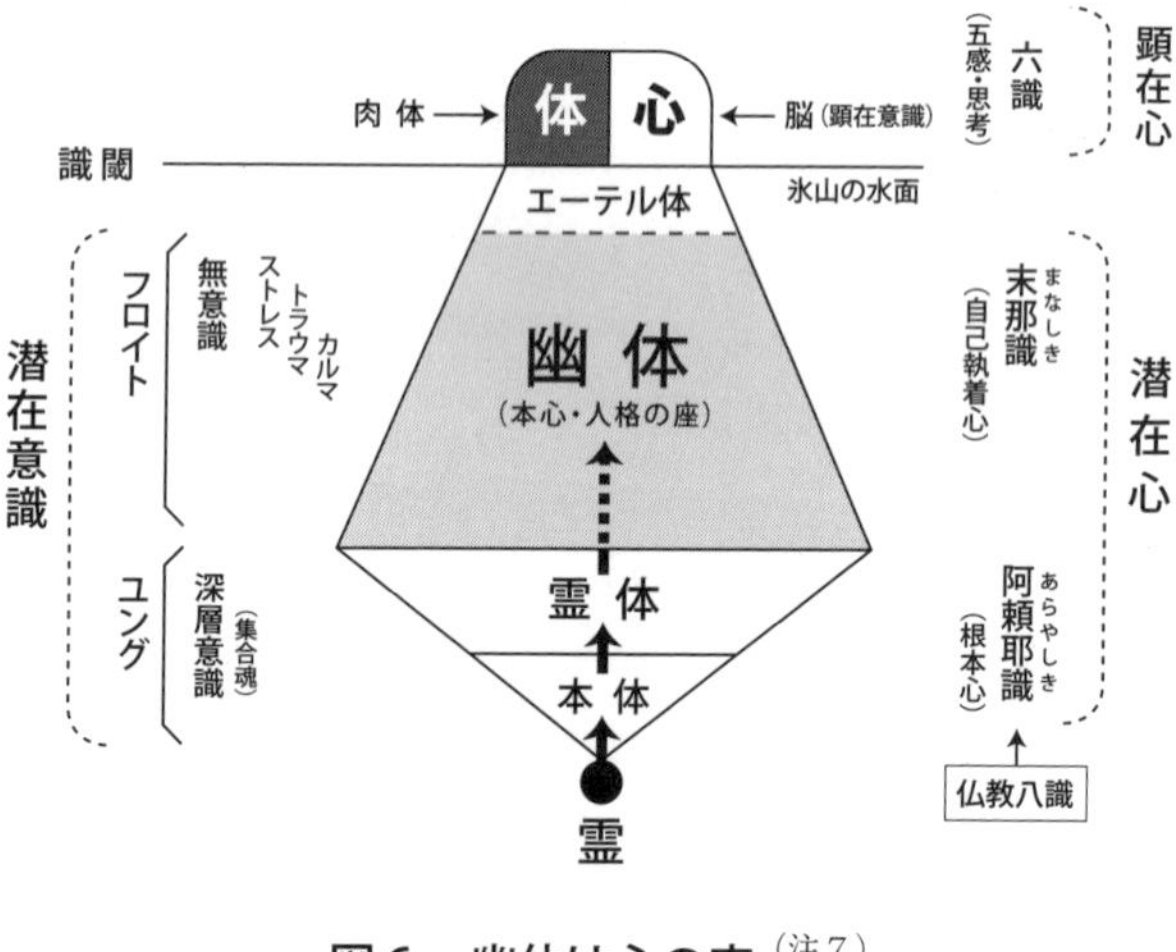

図6　幽体は心の座（注7）

桑原啓善 作成

を媒介としつつそれが肉体に表現されると病気となる。また汚れた幽体には波長の法で邪霊が感応しコントロールして増幅し犯罪や事故となる。人類の多数の幽体が汚れていれば、戦争をひき起こすことになる。

だから病気、トラブル、災難は幽体の濁りをおしえる警告、本来は有難いもの。それなのにそれを単に肉体の病気の症状だけを消したり、トラブルを他人に肩代わりしてもらったりすれば、幽体は濁ったままだから、また病気が再発したりトラブルが別のかたちをとって表現されることになる。だから根源からよくするには幽体浄化をすればよい。個人も人類全体も同じ、幽体浄化をすれば病気、トラブル、戦争は消える。

e　幽体浄化は日常生活の言行想でする

幽体は記録コンピュータだから、日常生活の言行想を愛と奉仕にすれば、幽体浄化できる。自分が日常生活でうまずたゆまずやること。これ以外の方法はない。(これは釈迦の教える八聖道と同じ)。

因果律で「人は神」を知る

ネオ・スピリチュアリズムの因果の法は、桑原の作成した図にすべて説明し尽くされている。因果の法はあの世もこの世も貫いて寸分狂いなく働いていている。愛の球（白い球）を他者に投げると全く同じ白い球（平和と幸福）が返ってくる。同様

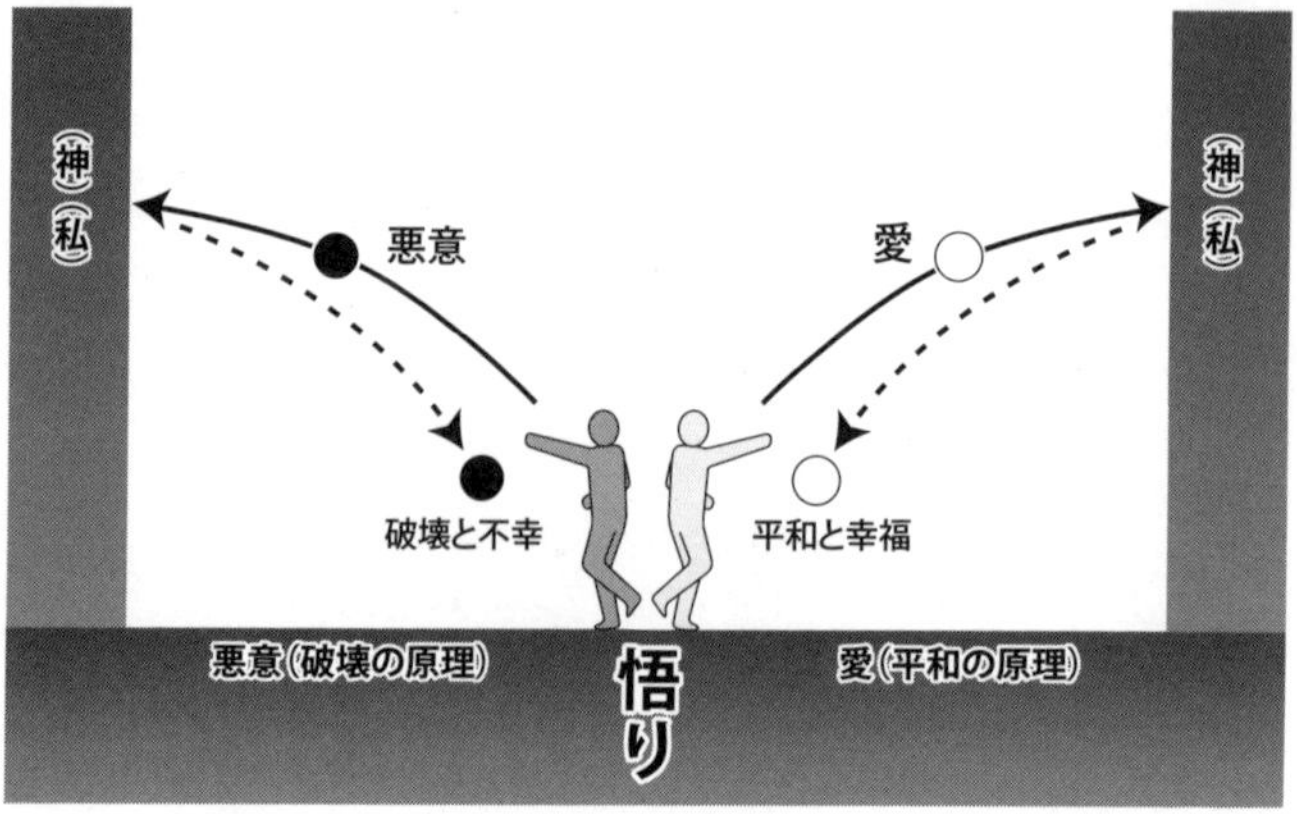

図７　因果の法（注８）　桑原啓善 作成

この図には四つの宇宙の原理が含まれている

1．因果律（白球と黒球の原理）
2．ワンネスの原理（相手は私）（万有一元）
3．平和と破壊の原理（愛か、自己中か）
4．苦難の法（苦ありて進化あり）

［注１］上記を知り、行って人は神の子となる。

［注２］これが「惟神の道」、また古神道の核心。そして“言霊の幸ふ国”（愛の言葉で、世界を愛に変える国）の姿である。

に悪意の球（黒い球）を投げると寸分狂いのない黒い球（破壊と不幸）が返ってくる。この世には壁がある。なぜ壁があるのか。相手は私、壁とは私であるから。他人と思って投げたが相手は私「あなたは私」本質は。自分に投げたから、だから戻ってくる。「生命は根源において、神々も人間も一つにつながれている」。（皆同じ神の子）

「因果の法」のまとめを次に引用（注7と同じ）する。

①なぜ「因果の法」があるのか。――「ワンネス（すべてのものの命は一つ）の究極の真理」があるから。

②いつまで輪廻するか――「愛が平和と建設の原理」「自己中が不幸と破壊の原理」の自覚まで。

③「苦難の法（産みの苦しみ）」の存在――これが進化のバネ、故に苦難は神の愛の涙。

④よって「因果の法」は愛の法である。人は万人が細胞の隅々までこの法で構成

されている。――これが「人は神から出て、神に帰る」万人に課せられた掟《おきて》である。

決死の愛の実践がネオ・スピリチュアリズムを生み出した

左記は浅野和三郎――脇長生の日本神霊主義からさらに前進展開したネオ・スピリチュアリズムを図で示したものである。浅野の生命一元を基本にしながら脇の幸福と不幸の二つのコースが、それぞれ更に「守護霊団」や「サタン」や「暗黒宇宙」まで展開している。そして人は決死の愛で守護霊につながるとなっている。これらの展開はすべて、実践から導き出されたものである。桑原は日本神霊主義を土台にしながら、シルバー・バーチの教えをそこに接着したネオ・スピリチュアリズムを原理として地球変革運動（デクノボー革命運動）をおこなう。

○デクノボー革命（一九八五年～一九九九年）

デクノボー革命とは「サタン改悛、全人救済、地上天国」化を旗印に、桑原の主宰する「生命の樹」グループが実践したものである。自分がまず無私無償の愛の人（デクノボー）になって、そしてネオ・スピリチュアリズムを普及して、皆に愛の人（デクノボー）になってもらい地球の恒久平和、全人の幸福を実現しようというものである。このデクノボー革命でおこなったことを簡単に言うと、

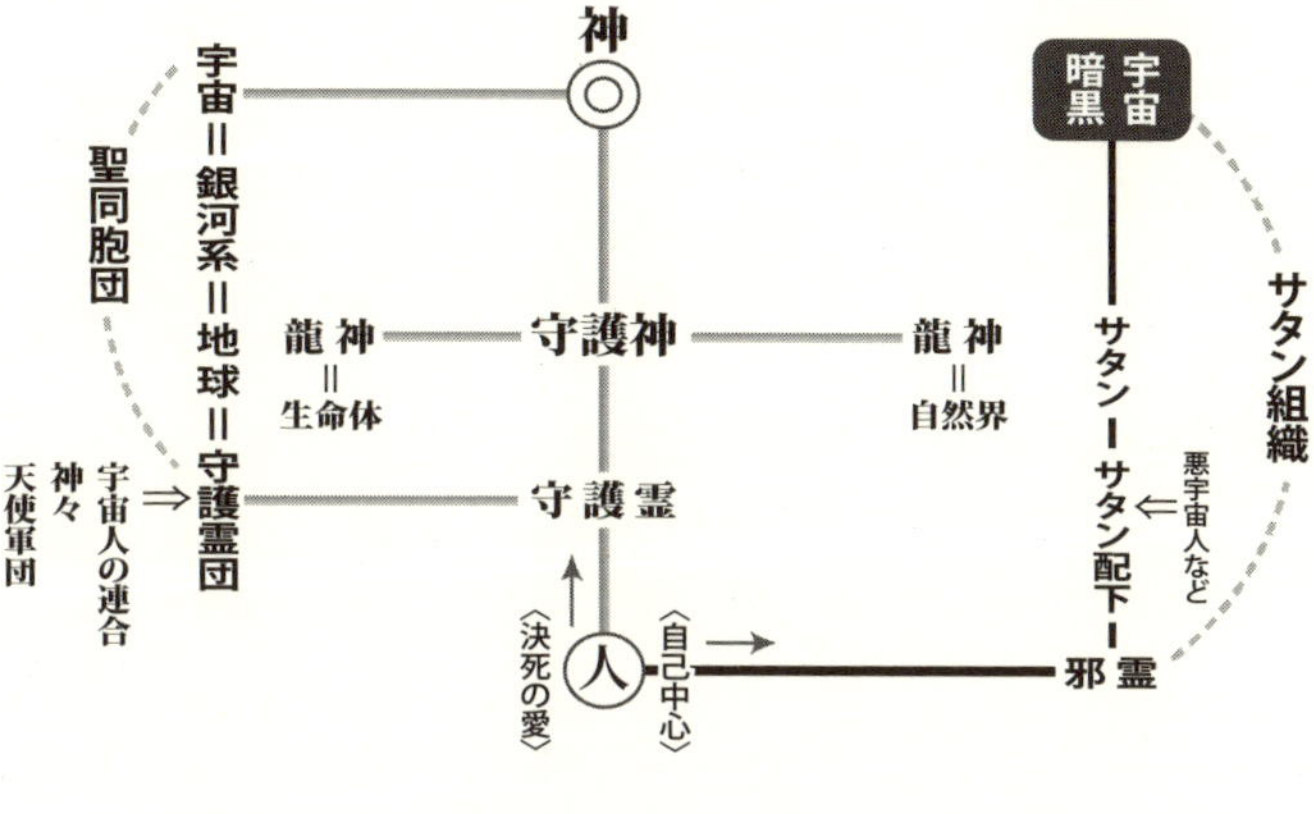

図8　ネオ・スピリチュアリズム（桑原）（注9）
桑原啓善 作成

地球に憑依しているサタンのコードを切り、神のコードとすげ替えるという仕事であった。これをしなければ新生地球（地球次元アップ）はあり得ない、霊的に新地球を実現するための必須の仕事であった。このような全く人の目に見えない理解できない裏側（霊的）の仕事は、デクノボーにしか出来ない。人からは愚かに見えるが別に苦にもされない、これは金や権力とは無縁な、しかし何かを求める一群の庶民の役割りであった。ネオ・スピリチュアリズムの示す宇宙法則を素直に理解し納得して実践し努力する。そして地球のために人生を賭けようと決断するごく一握りの人々が生命の樹に集い協同したのである。一九九九年七月一一日に桑原の指揮のもと、デクノボー革命は成就する。これは図にある「宇宙暗黒」（ノストラダムスの予言では恐怖の大王）から地球につながれたコード（ここから暗黒のマイナスエネルギーを送り人類をコントロールし奴隷化する）を切る仕事であった。このために一九八人のリラヴォイス発声者（生命の樹の瞑想リラ段階）が集まり集団発声をした。このリラヴォイスの協同で守護霊団、聖白色同胞団が背後で働き、宇宙暗黒とつながった憑依のコードを切った、と思われる。

○リラヴォイスを開発（一九九二年春）

デクノボー革命成就の決め手はリラヴォイス発声であった。リラヴォイスは一九九二年春、桑原が開発した。これも結果的にネオ・スピリチュアリズムの実践から生み出されたものであった。

桑原がくり返し述べていることであるが、近代心霊研究の帰結であるネオ・スピリチュアリズムが、実は釈迦の「八聖道」と本質は全く一致しているという。桑原はその事には全く気付かず、実践し指導していたが、「八聖道」のさいごの八番目にやるべき事としている瞑想を、桑原も一九八五年の「シルバー・バーチの会」設立当初から指導していた。これが黙想正座である。人間の急速な霊性進化にはどうしても瞑想をする必要がある。しかし桑原は脇長生師の指導と体験から瞑想の危険性を知り抜いていたから、黙想正座を始めるに当たっては、神庁（聖白色同胞団）に瞑想者の保護を命懸けで願い出て許され、神庁との契約の許に黙想正座を始めたと記している（注1と同じ）。

黙想正座はこれまでの瞑想と違い、自己の霊性進化など自己目的だけにとどまらず、そこを越え、自分は神の光を通す一本の樹になり切り、全地球人に霊的酸素を放射するという全く新しい瞑想である。この黙想正座（瞑想）の原理を基に、発声を加えたものがリラヴォイスである。桑原は詩の朗読運動をやってきたので、声に想念が乗ることを体験的に知っていた。だからデクノボーの愛を声で発声すれば、より強力な愛の伝播手段になると考えリラヴォイスを開発したのである。

○サタン改悛の決め手がリラヴォイス

リラヴォイスが開発されて間もなく、一九九二年七月、リラヴォイスがサタン改悛に効力があることを実証する事件が起こった。その現場に私もいたのである。どうしようもない憑依状態の狂悪な邪霊が、桑原が発声するリラヴォイスで鎮められる様子を、この時私は目の前で見た。何度も発声する度に、見事に憑依霊は鎮まった。この憑依霊が実はサタンであることが後にわかり、地上天国化を指向する「生命の樹」と地上天国化を阻むサタンとの間の戦いが始まる（注10）。桑原はこの戦いを通して地球次元アップを阻み、人類の奴隷化を進めるサタン群が存在していることを骨身にしみて知っていくのである。

脇長生は人間には幸福と不幸の二つのコースがあり、人間が波長の法則で邪霊低級霊につながると不幸のコースに入っていくことを、心霊研究の上から明確に示した。しかしそれだけではない、邪霊の奥には更に強力な悪霊サタンがいる、そしてサタンは強大な闇のエネルギー源ともいえる宇宙の暗黒ともつながっているということをネオ・スピリチュアリズムではいっている。霊的な存在が、人間の人霊だけではないことは当然であり様々な存在があり得ることはスピリチュアリストであれば想像はつくが、心霊研究、スピリチュアリズム、日本神霊主義では人霊以外はそれ程詳しく解明はされていない。しかし現実に存在することを体験させられたのである。サタン改悛なくして地球と人類の新時代は実現しないことが生命の樹の実践活動から分かってきたのである。そしてその時同時にサタン改悛の決め手がリラヴォイスであることも判ったのである。リラヴォイスのレベルアップがデクノボー革命運動の帰趨を決する重要なものになってくるが、リラヴォイスのレベルアップを急速に進める自然音楽が、一九九五年発生することになる。

○リラ自然音楽（一九九五年）の発生

自然音楽は集団リラヴォイスの磁場から発生した、いわば自然界の愛の声、癒しの気である。この宇宙音を人間（青木由有子）がキャッチしメロディーに変換した、全く新しい音楽である。自然音楽によって、急速にリラヴォイスの発声は進化して、一九九九年七月一一日のデクノボー革命の遂行には、当初一四万四千人のリラヴォイス集団発声が必要と考えられたのが、高位の瞑想リラ段階の発声者一四五人で可能、実際には一九八人の発声で成就することが出来たのである。そしてデクノボー革命の成就の後の地球次元アップの仕事はリラ自然音楽運動に委ねられる。それはサタンコードから神のコードにすげ替えられた霊的に実現した新生地球の上に、地球上のサタンを改悛して全人類の善性化、地上天国化を実現する最後の仕上げ、つめの仕事である。宇宙の暗黒からのコードを切られた地球上はいわばパンドラの箱をひっくり返した状況と同じ、この表面に浮きあがってくる邪気をすべて浄化する、人間と地球のカルマ解消の仕事のために、リラ自然音楽は発生させられたといえる。桑原はリラ自然音楽はネオ・スピリチュアリズムから咲き出た最後の花と言っている。やはり自然音楽も決死の愛によって生まれたのであるが、自然音楽発生の経緯等リラ自然音楽については、ここでは省略する。

○サタンの存在と恐さを知らない人間の甘さ

桑原はサタン改悛なくしては地球の地上天国化は不可能であることを身をもって知り、これまでサタン改悛をリラ集団でおこなってきた。二〇〇七年一一月五日現在で、改悛したサタン（自然霊であるサタンは改悛すると一瞬にして天使になる）は三九四九体、改悛せず消滅したサタン七三体。地球支配していたサタン（ルシファー）と、宇宙暗黒の大本のエネルギー体（ノストラダムスの恐怖の大王）も消滅していることを桑原は記録している（注11）。

サタンは太古から地球上に存在し人類の進化を阻害してきた。宗教ではサタンの存在を言っているが迷信的であり科学一辺倒の現在は誰もその存在に気付いていない。超人的な知力と科学力をもつサタンとそれに組する悪宇宙人、そして邪悪化した人霊等は徒党を組み協同し、実に巧妙に人間の社会に侵入してコントロールしている。ネオ・スピリチュアリズムでは、サタン存在をとらえ、事ある毎に警鐘を鳴らしているが、人間の潜在意識（幽体）におこなわれることなので殆ど誰もサタンの存在と働きに気付かない。しかしリラ自然音楽セラピーの現場にいる私には、しばしば巧妙なサタンの手口を直に見聞することがある。例えば、精神世界の本を読んだだけで心身の変調が起こる――右脳開発の本を読んでいてパニックに陥り戻らない、霊能者の本の図形を眺めただけで、地獄的恐怖感に投げこまれ生命の危機と苦痛に陥った、超能力開発のセミナーに申し込んだだけで、マイナスエネルギーを送りこまれ、危険な偽似クンダリーニの上昇が始まった、などという心身の危機から助けをもとめる人が跡を絶たない。これらは単なる低級霊や因縁霊だけの働きではなく、背後に悪ETやサタンが巧妙にワナをしかけ糸を引いている。

なぜこのような事が起こるのかというと、まず第一に近代心霊研究に基づく正しい心霊知識がないからである。もし霊の存在や波長の法の知識があれば、もう少し警戒心をもち、軽率に興味本位の好奇心だけで動かないだろう。

しかし最も本質的な重要な問題は、日常生活の愛と奉仕を手抜きにして、瞑想（霊能開発など霊性を開くための方法）をしてはいけないという絶対的原則である。八聖道と本質は同じネオ・スピリチュアリズムの根源の原理は日常の言行想の愛の生活実践である。たとえ善意で書かれた本でも、それが日常生活の愛と奉仕を手抜きにすることを結果的にすすめるならば、そこに巧妙にサタンは入り込み働き、多くの人を傷つけ迷わす結果となる。口あたりのいい言葉だけでは、魂の変革、真の霊性進化はできない。近代心霊研究に基づいた正しいゆるがぬ心霊知識と、そして何よりも日常生活の誠実な愛と奉仕の努力が絶対必要である。ネオ・スピリチュアリズムの示す原理はサタンの巧妙なワナを無効にするものである。だからサタン改悛を進めるリラ自然音楽をネオ・スピリチュアリズムは生み出すことになったのである。

（注）

1　山波言太郎「天《あめ》の下晴れたり　ネオ・スピリチュアリズムから、リラ自然音楽が誕生（その四）」『リラ自然音楽』五月号　二〇〇八年

2　「『不戦の碑』を靖国神社に建立しよう」（パンフレット）を参考として次に引用する。二〇〇五年秋頃、桑原作（写真は省略）

「不戦の碑」を靖国神社に建立しよう

もし、別記「写真」の意匠のような不戦の塔を建てれば、靖国神社が、A級戦犯合祀のままで、世界の平和を推進させる聖地に変わる。なぜなら、この「不戦の塔」によって、左記の三点が人類に示されるから。

1、日本の歴史認識が明らかとなる
2、日本の歩むべき使命の道が明白となる
3、人類文明の未来像が提示される

「不戦の碑」（写真参照）のアイディア

進化の階段を、生命の原種（または受精卵）が登り、両生類に進化し、ホモサピエンス（われわれ現生人類）となり、未来は戦争をしない天使の人類に二十一世紀から進化を始める。ちなみに四色の岩は四つの世界人種を表す。白人・黒人・黄色人・赤色人（ネイティブ・アメリカン）。

（注）これならヘソ曲りでない限り、どんな日本人も、どこの民族・人種の方も、歴代首相も、天皇陛下にもご参拝が叶うでしょう。

「不戦の碑」建立の意義・三か条

1、遊就館やA級戦犯と共に、この不戦の塔を置けば、日本の歴史認識が次のようになる。
「明治以降の戦争は、日本が恒久の世界平和建設に向かうために辿らねばならなかった、悲しいけれど貴重な進化の階段であった」と。

同じく「有史以来の人類の戦争は、地球人が不戦の未来世界の建設に向かうため踏むべき、悲しいけれど進化のための階段であった」と。
2、この不戦の塔によって、
人類は二十一世紀を契機に、戦争をしない新しい人類に進化すべき「人類共通の目標」を、日本が世界に向かって提示したことになる。また、日本はこれを推進する役割と国家目標を自己に課したことになる。
3、この不戦の塔が定着すれば、
世界は武器に代わる新しい防衛の方法を模索始めることになろう。それは平和一元の政治・経済・文化・社会・外交などの地球未来文明の創造につながろう。そして生命一元論（自然界は生きもの、人は神から出て神に帰る）の古来からの民族性を持つ日本人は、漸く自己に目覚め、世界の東西文明統合の面で最も有用な民族になり得よう。

3　桑原が一九八五年九回連続講義したその要旨を一冊に収録したものが、桑原のネオ・スピリチュアリズムの初めての著書『心霊入門』。現在は『人は永遠の生命』と改題。一九九九年［一九八六］でくのぼう出版

4　山波言太郎「人類意識の急速進化、その実践的考察」『サトルエネルギー学会誌』

一二巻一号　五八頁　二〇〇七年
5　これは桑原啓善『デクノボー革命』上巻　一六五頁～一七〇頁の要旨をまとめたものである。
6　山波言太郎「天の下晴れたり　ネオ・スピリチュアリズムから、リラ自然音楽が誕生（その二）」『リラ自然音楽』三月号　二〇〇八年
7　山波言太郎「天の下晴れたり　ネオ・スピリチュアリズムから、リラ自然音楽が誕生（その三）」『リラ自然音楽』四月号　二〇〇八年
8　山波言太郎「講演『リラ自然音楽と融合文化』」『融合文化研究』第九号　一一〇頁　二〇〇七年
9　山波言太郎『デクノボー革命の軌跡3』五六頁　二〇〇五年　でくのぼう出版
10　『デクノボー革命の軌跡3』九二頁～一二〇頁
11　山波言太郎「地球が変わる　――平成一九年一〇月八日以降のこと――」『リラ自然音楽』一二月号　三七頁　二〇〇七年

参考文献

・桑原啓善『宮沢賢治の霊の世界』二〇〇一年〔一九九二〕でくのぼう出版

第六章　「決死の愛」は日本の精神

ネオ・スピリチュアリズムの示す人間の生き方をひと言で表現すれば「決死の愛」である。これはシルバー・バーチの言う「愛と奉仕」を桑原が現代の我々日本人に判るようにもう一度言い直した一つの表現である。「決死の愛」は宇宙意志（法）に従って自分の全生涯を世界（他者）のために生きる神の子人間の生き方である。だからそれは同時に平和と幸福を実現する法である。宮沢賢治はこの神の子の心を「まづもろともにかゞやく宇宙の微塵となりて無方の空にちらばらう」（注1）と言っている。また人は神（の子）は、近代心霊研究によっ

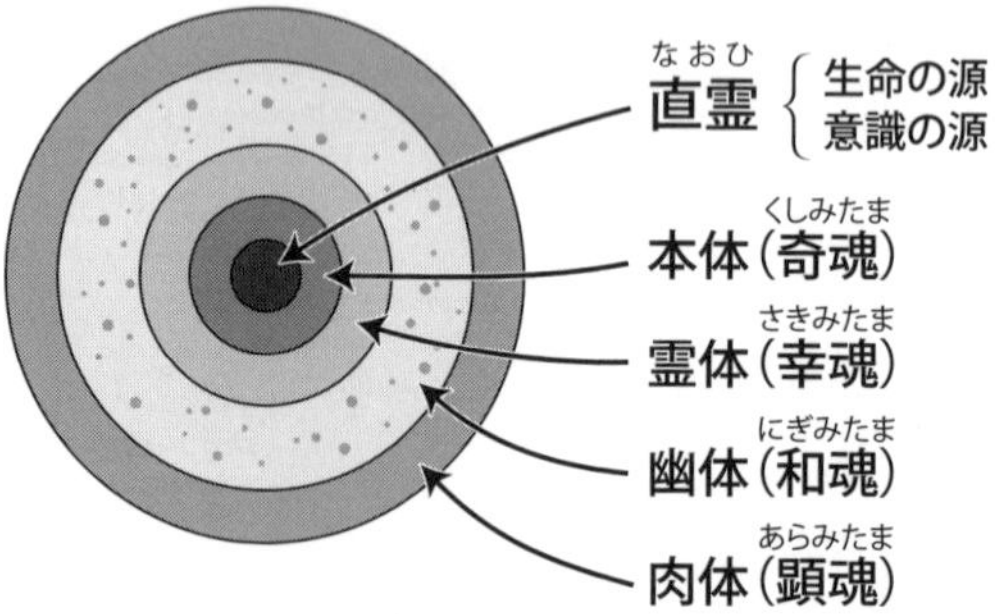

図9　日本の古代思想（四魂説）

桑原啓善 作成

て立つネオ・スピリチュアリズムがとらえているだけでなく、その本質は日本の古神道の「一霊四魂」と全く同一であることは、既に述べた。古神道とは日本人の深層の心（思想）といえよう。だから日本の精神といわれるものの中には「決死の愛」と同質の思想（心）が見い出される。

武士道の本質との一致

桑原は、日本の武士道には人は神の子の決死の愛が流れていることを西洋の騎士道との比較で論じている（注2）。西欧の騎士道は、契約とその誠実な履行が騎士《ナイト》であるとする「割勘忠誠」であるが、日本人は、割勘ではなく全生命を投げ出す。忠誠とは物ではなく最も大切なもの命を差し出す、それは西洋とちがい貫った碌高によらない。これは、日本人はすべての命はひとつということを知っていたから。このような忠誠、これは日本人の一元論（一即全《ワンネス》）であるとしている。また桑原は日本の精神（心）の中にある、物より心を大切する「霊主肉従」（物より魂の浄化を大切にする）が武士道の命を投げだす献身（忠誠）に結晶しているが、更にこの武士道の精神を純化し高めたものが「決死の愛」である、決死の愛とは命懸けで全生涯を投げ打って、人と祖国と地球全人の幸福と平和のために生きることであると説いている（注3）。

桑原のいう「決死の愛」は、このような生命一元の心性をもつ日本人には、実は最も受け入れ易い思想なのである。但し一九四五年敗戦後は、物より心を大切にする美しい日本の精神性を、誤った偏重した精神主義の精神論と一緒くたにして日本の「精神主義」は否定され現在に至り、高度成長を遂げた現在の日本人は物質主義（肉主霊従）に染め上げられている。

「日本的霊性」の妙好人とデクノボー（決死の愛の人）の一致

近代日本最大の仏教学者と言われる鈴木大拙には、日本人の思想を哲学的に究明した著書『日本的霊性』（注4）がある。この中に浄土系篤信者「妙好人」をとりあげ論じられた所があるが、この妙好人が決死の愛の人とピタリと重なってくるのである。しかも「デクノボー」という宮沢賢治の命名に実に相応しい。大拙は昭和二〇年日本の敗戦前後に「霊性」三部作を著している。そこには大拙の日本と世界への並々ならぬ思い（危機感）を感じる。私には今正面から日本的霊性を論じる事はとても出来ないが、大拙がとり上げた二人の妙好人から決死の愛に生きる人デクノボーの姿をとらえてみようと思う。

道宗――決死の愛に生きる

一人の妙好人は蓮如上人の警護の人であり弟子であった道宗である。浄土系信者というと、自己の救いを他力に頼る人で克己の弱さや自省の甘さがあるようにイメージするが、道宗は全く違う。道宗には武士の血が流れているらしいが、全く武士道の如く、蓮如に命がけの献身を尽くしたという。日常生活のあり方が求道の精神の強さそのものを示し凄じい。日々の生活の言行想をいかに本物にしていくか、本物の反省をしていくか、その努力と実践のすさまじさ、決死、道宗のエピソードは、その決死の愛を日常自己に課し行っているものばかりである。たとえば弥陀が衆生のために積んだ苦行の「いたいたしさを思い起こ」すために、彼は家では常に四八本の割木を並べてその上に寝たという。又彼は川の上に延びた枝にぶらさがって「下は三悪道の早瀬だ、ぐずぐずしていてよいかよいか」とみずから決死になることを、現実化したという。だから彼は「終日乾々《けんけん》として倦まざるの風貌」、すなわち平和な時に決死になって日常の言行想の愛と奉仕をうまずたゆまず徹底的にやり通していたのである。日常即奉仕の生活実践だけが魂を浄化し進化させるから、道宗の決死の愛の生活実践は、どんなに魂を磨いたか道宗の無私の「純真の心、艱難も苦労も考えの中に入れたことのない、純朴さそのまま」を示すエピソードもある。例えば、或る和尚が彼を試そうと道宗が草取りをやっているところを後ろから蹴飛ばした。道宗は顔色も変えず起き上って又草取りを始める。和尚はもう一遍やったが同じである。そこで和尚がなぜ怒らないのか道宗にきいた。道宗は笑顔を崩さず「前生の借金払いだ。まだまだあるのかもしれない」と言ったという。何事も人のせいにしない、カルマ（苦難）は神の愛であるという因果律を真に知っている（悟っている）人だったのだろう。

才市――「あなたはわたし」（人は神）に生きる

もう一人の妙好人は浅原才市である。才市は昭和八年に他界した下駄つくりと販売を生業とした人である。無学の才市が仕事の合間にふと浮かんだ感想を不器用に鉋屑に書きつけた歌が、まさにデクノボーの心そのもの、すなわち「ここに日本的霊性的直覚が、純粋の形で顕われている」のである。

「わしのこころは、あなたのこころ、
あなたごころが、わたしのこころ。
わしになるのが、あなたのこころ。」

「お慈悲も光明もみなひとつ。
才市もあみだもみなひとつ。
なむあみだぶつ。」

「あなたはわたし」という自他一体の愛のところまで、つまり「人は神」の自覚（悟り）を歌っている。自分はあらゆる他者と一つということは、すべての命は一つ、あなたもわたしも同じ一つの神（の子）である。「なみあみだぶつ」は霊性的直覚の又の名であると、そしてこの直覚の形態に日本的なるものを見たいと大拙は書いている。霊性的直覚とはつまり人は神（の子）を知ることであるといえよう。

「やれうれしや、弥陀のはん（判）、わしのこころについてある。
なむあみだぶつと申すはんこ、おやのはんこ、
子供がもらうて、なむあみだぶつと申すばかりよ。」

「をやにだかれて子はここに、
をやにだかれて。
なむあみだぶつ。」

才市は弥陀を親、自分を子と言っている。これは桑原がデクノボーとは赤ん坊と同じだと、しばしば言っているのと全く同じである。デクノボーとは無私無償、無名無

心の愛に生き抜くことで、それは神を母親とする赤ん坊のことだと言う。母（神）だけを求めて泣き、あとはニッコリ笑う（愛と奉仕に生きる）だけだと。才市にとって「なみあみだぶつ」は神の子の証＝神を求める（泣く）ことなのだろう。大拙はこの「なむあみだぶつ」の判形《はんこ》について「この判形は、才市と仏が矛盾でしかも自己同一性であるという証文である」という。大拙と西田幾多郎の哲学は表裏一体といえるほど同じであると言われる。西田哲学の「絶対矛盾的自己同一」とは、大拙の日本的霊性の哲学化、論理化であると言えるだろう。とすれば大拙の「日本的霊性」と西田の「絶対矛盾的自己同一」とは、ネオ・スピリチュアリズムの根本原理「人は神（の子）」であると言えないだろうか。巧まずして歌い出た才市のことばが、桑原の説く人は神の子（デクノボー）とあまりにも同一なのである。

「凡夫で聞くじゃない、凡夫はばけもの。
あなたわたしのこころにあたる。」

「凡夫はばけもの」有限な肉体が真実の私ではない、幽体が汚れたから鬼っ子（凡夫）になった、すなわち化け物（仮相）。本当の私とは霊（神性）、人は神の自覚とは無私（我れ無し）の徹底、具体的には無私の奉仕（献身）によって幽体が浄化され、無私になり切った時、「あなたわたしのこころにあたる」あなた（神）は外ではなく内にある（神は内部にある、すなわちわたし人は神の子）であることを知る（「あたる」）ということか。才市が日常生活を無私の奉仕に生きた証のような歌である。

「もらはれて、こゝろ上をど（浄土）にはつまいり。
また帰へるしやばの悪趣に、
しゆ上（衆生）さいど（済度）をさせてもらひに。」

「もらわれて、こころ浄土に初参り」とは、才市は「銀河鉄道」を旅したジョバンニのように、生きたまま死者と共に天上への旅をしたことがあるのだろうか。「わしのりん十（臨終）あなたにとられ」という歌も他にあるから、才市はすでに生死一如の心境だったのだろう。浄土宗は来世の救いをもとめるものかと思っていたが大ちがいである。衆生済度をさせてもらいに、才市は悪趣の娑婆にかえったと言っている。才市にとって衆生済度の菩薩行とは、下駄をけずる日常生活そのものなのである。デクノボーの生き方と同一である。

「久遠とてべち（別）にあるじゃない、
この世界くをん（久遠）のせかい。
いちねんぼうき（一念発起）もここにある。
なむあみだぶつ。」

この世を浄土にすること、娑婆即浄土は、一念発起したデクノボーの決死の愛で実現する。すべての命は一つにつながっているから、一人の人が一念発起（決断）したら必ず実現する、一瞬にして人も自分も同時に。才市の歌はデクノボー革命の原理をデクノボーが語っているようである。

鈴木大拙は、日本的霊性は鎌倉時代に初めて浄土系思想と禅の上に内発的に顕現したと述べている。禅は武士精神に培われて芽生え、浄土系思想は真宗の教団と区別して、民族と大地の間に発動したものなのだという。日本的霊性とは、仏教という外来性のものではないと大拙は言っている。ならばこれを、アニミズム的心性と生命一元というべき民族と大地の間に発動したものと言い替えることが出来るだろう。妙好人も仏教という外来思想からではなく、日本人の中に内在する生命一元の思想から芽生え、絶対他力（無私）が導く日常生活での愛と奉仕の徹底的実践によって霊性進化を遂げた人なのだろう。

日本の心（生命一元）の再生

生命一元に発する美しい日本の心（物より心を大切にする生き方、さらには武士道の無私の献身の生き方）が、第二次大戦後失われてしまった。しかし今、西欧の近代心霊研究に立脚するネオ・スピリチュアリズムが、新しい人間観として全くそれと同じものを差し示している。東西文明の統合（橋梁）がネオ・スピリチュアリズムであると言えないだろうか。そしてこのネオ・スピリチュアリズムの示す決死の愛の生き方に人類が目覚めれば、地球に恒久平和と幸福（パラダイス化）が実現すると考えられるのである。

童話「鳥の北斗七星」（宮沢賢治）と決死の愛

決死の愛が平和と幸福を創る唯一の法（原理）であることを知り、まず自分が決死の愛に生き、そしてそれを童話に書いたのが宮沢賢治である。賢治が戦争を描いた童話「烏の北斗七星」にも、この決死の愛は描かれている。

「どうか憎むことのできない敵を殺さないでいゝやうに早くこの世界がなりますやうに、そのためならば、わたくしのからだなどは、何べん引き裂かれてもかまひません」(注5)

これは等しく胸を打つ、自己犠牲の愛が祈りの言葉として語られるところである。ところが、物語では烏は戦って敵(山烏)を殺しているのである。だからこの作品は戦争を美化する危険があるとする否定的な評価が根強く、作品としての評価は定まっていない(注6)。

「烏の北斗七星」に最も深い共感をもったのは第二次世界大戦で特攻隊員となり戦死した佐々木八郎である。佐々木八郎は烏の祈りに自分のヒューマニスティックな人類愛と祖国への愛を重ねて読んだのである。戦争中、佐々木と同じ思いで読んだ若者は多かっただろう。しかし戦後この作品は軍国主義的作品と判断されたらしく、GHQの検閲で削除された(注7)事もある。しかし本当にこれは戦争を美化し、結局軍国主義をすすめることになる作品なのか。

ここに一つ、「烏の北斗七星」が非戦の力として現実に働いたという証言がある(注8)。それは民衆史の歴史学者色川大吉が、陸軍に入り激しい戦闘場面に直面した友人から後になって直接聞いた話である。その友人は命令で先に殺せと言われたが殺せなかったという。何が最後に手を下ろさせなかったのかというと、自分の心の中に「よだかの星」や「烏の北斗七星」が出てきて止めたという。こういう瞬間には道徳教育だとかそんなものは全然きかないという。こういう時は「自分の感性の中に浸透しているブレーキのようなものこそが作動する。その時、宮沢賢治のイメージがよみがえった」という。色川が直接きいたというこの証言こそ、愛が現実に人を動かすエネルギーであることをおしえてくれる。宮沢賢治の決死の愛から生まれた作品には、現実に人が人を殺すのを止める力があったということである。

桑原は、ネオ・スピリチュアリズムの「思想はエネルギー、愛が至高のエネルギー」の原理より、主婦がたとえ大根を刻んでいても決死の愛でおこなうならば、それは愛のない総理大臣よりずっと大きな世界を動かす仕事をしていると説く。極論すれば、たとえミサイルをつくっていても、決死の愛と奉仕でおこなうならば、つくったミサイルは人殺しには使われず、平和のために結果的に役立つことになるといえる。

特攻隊で戦死した学徒兵の共通した心情は純粋な理想主義と愛国心であったという(注9)。そして彼らは日本が敗けることはわかっていたという。彼らは祖国のために死ぬのは、自分が決死の愛で祖国のために命を捧げれば、必ず日本はたとえ戦争で敗けても、再生する(敗けて目覚める)。そのために命を捧げようというのだ。それは当時の多くの知識人の共通した思いであったという(注9と同じ)。敗戦の日昭和二〇年八月一五日に世界的に有名なキリスト教徒賀川豊彦はその思いを次の歌で日記に記している。

「鳳凰は灰燼《じん》よりぞ甦る憂を払ひ日本よ起て」（注10）

桑原は戦後三〇年経って、詩で戦死者の声を受けとったが、あの祖国と同胞のために命を捧げた人の死んでも成仏できぬ苦しみは、世界から憎い戦争がなくならないこととも一つ、祖国日本が日本本来の美しい心を失ってしまったことによるのではないだろうか。

国家神道（天皇だけが神）の誤り

ここで一つ気を付けなければいけないのは、明治以降、西洋列強に伍してゆくために富国強兵、軍国主義を支えるためにとった国家神道（天皇だけを神とする）は間違っているということである。これは日本古来の生命一元ではない。生命一元とは天皇だけが神なのではなく、すべての人が神の子なのである。三島由紀夫の『英霊の聲』はこの天皇だけが神の子とする国家神道の誤りを如実に示す作品である。ここで描かれているのは、人は神にたつ自他一体の本当の愛がないから、決死の愛ではなく、自分が救われるための倒錯した自己愛であった。だから「などて天皇は人となりたまいし」という恨み怒りにそれはすぐ裏返る。桑原は特攻隊の純粋な無私の決死の愛と自爆テロとのちがいを、自爆テロは自分が救われるための信仰心からおこなわれているとその宗教のちがいから分析しているが、三島のこの作品にもそれと似たものがある。このような国家神道の本質と特攻隊員の生命一元に立つ純粋な決死の愛のちがいを、人類学の視点から明らかにしたのが大貫恵美子の『ねじ曲げられた桜』(注9と同じ)である。「上からの国家ナショナリズムというイデオロギーと、自分たちの命を犠牲にする個人の愛国心とは俊別しておきたい。第二に、国に対する犠牲と国家の長(王/女王、天皇、総統)に対する犠牲も区別しておかねばならない。第三番目は「思考」と「行動」の区別である」という概念整理をした上で、特攻隊員の決死の愛が、海外では狂信者の自殺と断じられ誤解されているところから彼ら(の魂)をすくい上げようと、膨大な資料をもとに綿密な分析をおこなっている。

日本の生命一元論が世界平和の原理

生命一元に立つ本当の愛に目覚めること、これは特攻隊の若者だけでなく等しくその心をもつ人々の願うところであった。だから鈴木大拙は民族の再生を願って敗戦前後に「霊性」三部作を書き発表したのである。大拙が提出した「日本的霊性」とは「これまでの日本精神史の全体を見据えた上で、その中から抽出されてきた、究極の『統合原理』」であり、さらにそれは「日本的にして世界的な原理を含む」(注11)と小野寺功は言う。小野寺の宮沢賢治論『評論賢治・幾多郎・大拙――大地の文学』(注12)によると、小野寺は宮沢賢治を「霊性革命《スピリチュアルリボリューション》」家ととらえている。これは、小野寺が桑原と等しく、賢治こそ愛による地球革命家であることを発見しているということなのだろう。小野寺は、西田哲学から出発して霊性時代の新しい宗教の方向性「聖霊神学」の構築を目指す哲学者、カトリック神学者である。

このように日本の生命原理、宮沢賢治のいう「みんなむかしからのきょうだい」（いのちは一つ＝生命一元）に立つ時、そこから新霊性文明が開かれる予感を、実は今多くの日本人が感じ始めているのではないだろうか。大拙が「霊性」三部作を書いたのに反応したように、やはり敗戦直後柳田国男も「新国学談」三部作を書いたと小野寺功はいう。これも、柳田の中にある危機感、すなわち死者も生者もつながっているという祖先崇拝とアニミズム的日本古来のものが失われるという危機感から書かれたのではないだろうか。鈴木大拙（仏教）、柳田国男（神道）、賀川豊彦（キリスト教）のように、宗教よりもっと深層に日本的心性は等しく日本人にはある。そこから発し成熟したところの生き方が、「人は神（の子）」の決死の愛である。この日本の精神（心）が日本を再生するだけでなく、世界を救うと、多くの先人は知っていた。それが今、日本人の中から宗教や思想を超えて生まれてくるべく、ネオ・スピリチュアリズムは今ここにある。

終わりに　――ネオ・スピリチュアリズムは神界計画

桑原は、一八四八年のフォックス家事件に始まる近代心霊研究は人類に新霊性時代を開くための神界計画であることを一貫して説いている。『霊の書』のアラン・カーデックが示すように、神界計画は三段階に進んでいるととらえるならば、現在は第三段階の実践の時代、ネオ・スピリチュアリズムによる地球変革のための実践の時代と考えられる。

西欧に発した心霊研究が日本に来て、さいごの結実ネオ・スピリチュアリズムを生んだということは、やはり日本という場が、はじめから神界計画であったということなのだろう。日本ほど「人は神」に目覚めるのにふさわしい場はない。風土、民族性、歴史、じつによく準備され、選びぬかれた「人は神」に人間が目覚めるべき場である。しかし黙っていては、人は神を知ることは出来ない。だからネオ・スピリチュアリズムが今ここにある。ネオ・スピリチュアリズムは西洋の知的合理性と東洋の日本的霊性が統合された庶民のためのもの、日本中の人に知ってほしい。知って、学んで、実践してほしい。デクノボーになる人が日本中に出てくれば、それが世界に広がる。世界中の人がデクノボーになること、デクノボーの決死の愛で地球がパラダイスになることが、ネオ・スピリチュアリズムの唯一の目的である。

（了）

（注）

1　宮沢賢治「農民芸術概論綱領」『宮沢賢治全集』一〇巻　二五頁　ちくま文庫

2　「講演『リラ自然音楽と融合文化』」『融合文化研究』第九号　一一〇頁～一一九頁

二〇〇七年

3 山波言太郎「新春インタビュー」『リラ自然音楽』一月号 二〇〇八年

4 鈴木大拙『日本的霊性』一九七二年〔一九四四〕岩波文庫

5 宮沢賢治「烏の北斗七星」『宮沢賢治全集』八巻 六〇頁 ちくま文庫

6 現在のところこの作品の評価は杉浦静が「戦争美化の可能性も殺生否定のヒューマニズムも、矛盾そのままにこの童話の内実として読まねばならない」というように不明瞭なままである。（参照 渡部芳紀編『宮沢賢治大事典』二〇〇七年 勉誠出版等）

7 谷暎子「占領下の検閲と賢治童話」『宮沢賢治研究 Annual』一四号 二〇〇四年 宮沢賢治学会イーハトーブセンター

8 色川大吉「歴史家の見た宮沢賢治」『宮沢賢治研究 Annual』六号 一九九六年

9 大貫恵美子『ねじ曲げられた桜 美意識と軍国主義』二〇〇三年 岩波書店

10 永六輔監修『八月十五日の日記』一九九五年 講談社

11　小野寺功「『宗教人間学』の新しい可能性――大地の神学の視点から――」『「宗教人間学」の新しい可能性――霊性をめぐって――』二〇〇八年（別刷）

12　小野寺功『評論　賢治・幾多郎・大拙――大地の文学』二〇〇一年　春風社

参考文献

・鈴木大拙『新編　東洋的な見方』一九九七年　岩波文庫
・上田閑照・岡村美穂子編『鈴木大拙とは誰か』二〇〇二年　岩波現代文庫
・松ヶ岡文庫編『鈴木大拙没後四〇年』二〇〇六年　河出書房新社
・鶴見和子『日本を開く』岩波セミナーブックス68　一九九七年　岩波書店
・佐々木八郎『青春の遺書』一九八一年　昭和出版
・三島由紀夫『英霊の聲』二〇〇五年［一九九〇］河出文庫
・熊谷えり子「一九二一年カノトトリ（辛酉）の秘密」『リラ自然音楽』六月号　二〇〇五年

・熊谷えり子「修羅をこえて――『烏の北斗七星』」『リラ自然音楽』二月号　二〇〇七年

あとがき

本書は「地球マネジメント学会通信」に掲載させていただいた拙論を一つに集めたものです。

一般に未だ認知されていないネオ・スピリチュアリズムを、少しでも知ってほしいとの思いから書き始めたもので、当初から一つにまとめる意図は、全くなかったので、こうやって一冊になりますと、固い文体が読み難いかなと思ったりいたします。けれどもネオ・スピリチュアリズムを理解するための大切なポイントだけはおさえたつもりですので、ぜひ多くの方々に、「霊性」や「生き方」をもとめる方に、またネオ・スピリチュアリズムを知りたいという方にはぜひお読みいただきたいと念願しています。

ネオ・スピリチュアリズムの解説書は、創始者桑原啓善本人の著したもの以外、まとまった書籍はこれまでありませんでした。ですから本書は、概略だけを述べたものですが、本人以外の者が客観的に書いているという点ではいみがあるかもしれません。また本書の一ばんの特長は、ネオ・スピリチュアリズムの理解には欠かせないネオ・スピリチュアリズムの図表（桑原作）が、重要なものは殆ど網羅してあるところです。例えば因果律の図一つだけでも、この中に根源の宇宙の真理（法）が表現されており、しかも小学生にも解るという凄いものなのです。これは宝物です。それから本書では、桑原啓善の著書以外他のスピリチュアリズム関係の研究書では殆ど触れられていない脇長生師を、正統な日本のスピリチュアリズム（日本神霊主義）の中に位置づけ、その業績を記してあります。これも他にないところです。

もとより浅学非才の身、誠に未熟な私が本書を上梓することが出来ましたのは、実に多くの方々のお力添えのおかげです。心より感謝致しております。

特に三人の方々にはお世話になりました。「地球マネジメント学会通信」に、拙稿を掲載して下さった石井薫先生、石井先生の開かれたすばらしい学会誌に書く機会をお与え下さったおかげです。有難うございました。

それから拙稿を書くきっかけを与えて下さった『〈霊〉の探究』を著した津城寛文先生、ありがとうございました。御著書から大きな示唆を与えていただきました。

そして清泉ラファエラアカデミアで「日本の思想を考える」を拝聴させて頂いた小野寺功先生、ありがとうございました。小野寺先生の高潔で慈愛溢れるお人柄に触れ、「あなたのスピリチュアリズムは健全です。世の中へどんどん出していきなさい」と励まして下さった事は、決して忘れません。

平成二〇年七月一一日

◆初出について

全体的には、校正ミスの修正と語句の加筆訂正、小見出しの追加が少しありますが、殆ど初出のままです。但し「はじめに」は、全体を書き直しました。

〔初出一覧〕

・はじめに
・序　章　現代文明の基礎、唯物科学に問題がある
・第一章　近代心霊研究　「霊」というタブーをこえて
・第二章　スピリチュアリズム　――霊交があきらかにした死後の世界
　　――以上、『地球マネジメント学会通信』第七八号（二〇〇七年一二月）より
・第三章　浅野和三郎「日本神霊主義」　日本に渡りスピリチュアリズムは進化した
　　――以上、『地球マネジメント学会通信』第七九号（二〇〇八年二月）より
・第四章　「日本神霊主義」の進展　脇　長生
　　――以上、『地球マネジメント学会通信』第八〇号（二〇〇八年四月）より

・第五章　ネオ・スピリチュアリズムの成立　桑原啓善
・第六章「決死の愛」は日本の精神
・終わりに　――ネオ・スピリチュアリズムは神界計画
――以上、『地球マネジメント学会通信』第八一号（二〇〇八年六月）より

♧桑原啓善のネオ・スピリチュアリズム

〈ネオ・スピリチュアリズム講座〉 デクノボー革命〈上巻〉	桑原啓善 著 ￥1,529（税込） 239頁
〈ネオ・スピリチュアリズム講座〉 デクノボー革命〈下巻〉	桑原啓善 著 ￥2,039（税込） 288頁
デクノボー革命の軌跡 第1巻／リラ自然音楽のスピリチュアルな意味	山波言太郎 著 ￥1,260（税込）128頁
デクノボー革命の軌跡 第2巻／神から出て神に帰る、その人間の歴史	山波言太郎 著 ￥1,365（税込）200頁
デクノボー革命の軌跡 第3巻／おー大変が来る、歌マジックがある	山波言太郎 著 ￥1,365（税込）232頁
日本神霊主義聴聞録 スピリチュアルな生き方原典	桑原啓善 筆録 脇 長生 講述 ￥1,365（税込） 264頁
心霊科学からスピリチュアリズムへ 神霊主義	桑原啓善 監修 浅野和三郎 著 熊谷えり子 現代文 ￥1,365（税込） 272頁
地球を救う霊的常識3　※「地球を救う霊的常識」1、2は、只今在庫切れです。	桑原啓善 著 ￥1,223（税込） 216頁

♧桑原啓善の翻訳本

ホワイト・イーグル 天使と妖精	桑原啓善 訳 ￥1,000（税込） 208頁
ホワイト・イーグル 自己を癒す道	桑原啓善 訳 ￥1,000（税込） 242頁
ホワイト・イーグル 神への帰還	桑原啓善 訳 ￥1,260（税込） 144頁
ホワイト・イーグル 秘儀への道	桑原啓善 訳 ￥1,529（税込） 220頁
ホワイト・イーグル 光への道	桑原啓善 訳 ￥1,427（税込） 208頁
ホワイト・イーグルの教え アメリカ大陸の太陽人たち	桑原啓善 監訳／加藤 明 訳 グレース・クック 著 ￥1,365（税込） 256頁
シルバー・バーチに聞く	桑原啓善 編著 ￥1,020（税込） 160頁
ワードの 「死後の世界」	桑原啓善 編著 J.S.M.ワード 原著 ￥1,000（税込） 220頁
ジュリアの音信	桑原啓善 抄訳 W.T.ステッド 著 ￥805（税込） 136頁
ジュリアの音信　人は死なない（絵本）	桑原啓善 作 W.T.ステッド 原著 青木 香・加実 絵 ￥1,470（税込） 48頁
人間の生き方 THE WAY OF LIFE	桑原啓善 訳 A.フィンドレー 著 ￥1,529（税込） 316頁

桑原啓善の講話シリーズ

1. 人は永遠の生命

霊魂の働きがいかに人間の運命と深くかかわっているかを優しく解説した「心霊入門」。神を求める人、人生を生きぬく道を模索する人に最適。

桑原啓善 著　1,000円(税込)　208頁

2. 神の発見

宗教から科学の時代に移った。だが、科学は物質の中から物神を創り出した。本当の神は貴方の中にいる。大自然界の中に在る。本当の神の発見。

桑原啓善 著　1,200円(税込)　346頁

3. 人は神

人は肉体の衣を着けた神である。この一事を知るために人は地上に生まれた。ネオ・スピリチュアリズムの神髄を語る講話集。

桑原啓善 著　1,200円(税込)　288頁

4. 愛で世界が変わる
〈ネオ・スピリチュアリズム講話〉

1幸福は物質から、2安全は武器で、3神は外にいる、この三大迷信が人類の文明を作り、今、地球を破滅に導く。貴方の愛から世界が変わる。

桑原啓善 著　1,575円(税込)　244頁

5. デクノボーの革命
〈ネオ・スピリチュアリズム講話〉

愛の霊性時代は日本の庶民が愛と奉仕の生活原理に生き始める時 開かれる。今こそ「みんなの、みんなによる、みんなのための」庶民革命の時代。

桑原啓善 著　1,575円(税込)　264頁

熊谷《くまがい》 えり子

武蔵大学大学院人文科学研究科修士課程修了。リラ自然音楽セラピスト。自然音楽研究所副所長。月刊「リラ自然音楽」編集。「でくのぼう宮沢賢治の会」代表。著書『こころで読む宮沢賢治』（でくのぼう出版）

ネオ・スピリチュアリズム
21世紀霊性時代の生き方

二〇〇八年 九月 二一日 発行

著 者 熊谷 えり子
装幀者 桑原香菜子
発行者 山波言太郎総合文化財団
発行所 でくのぼう出版
神奈川県鎌倉市由比ガ浜 四―四―一一
TEL 〇四六七―二五―七七〇七
ホームページ https://yamanami-zaidan.jp/dekunobou
発売元 星雲社（共同出版社・流通責任出版社）
東京都文京区水道 一―三―三〇
TEL 〇三―三八六八―三二七五
印刷所 昭和情報プロセス株式会社

ISBN978-4-434-12265-1